Ogimaans

Jibwaa Agindaman: Preface

Le Petit Prince is a story beloved by readers across the globe. It is an *aadizookaan*, an epic teaching tale, that speaks to our souls about the secrets and lessons of being alive. As it moves from one language to another the core meaning remains the same, but each translation offers a perspective on being that contributes to our shared understanding. For instance, when the little prince visits with the fox before leaving, we see through translation, the various ways separation and secrets are viewed. Moving between languages in the same Indo-European family, the differences are subtle. "Adieu," dit le renard. "Voici mon secret. Il est très simple: on ne voit bien qu'avec le coeur. L'essential est invisible pour les yeux." is very similar to "Goodbye," said the fox. "And now here is my secret, a very simple secret: It is only with the heart that one can see rightly; what is essential is invisible to the eye." However, when the sentiment moves into a language of another family, in this case Anishinaabemowin, an interjection becomes a verb phrase and a promise to be together again. Additionally, the metaphors are entirely changed. There is no comparison between seeing with one's heart or with one's eyes. There is instead a reminder that by letting go of what is material one can best understand emotions and ideas. The literal translation of "Giga-waabamin," ogii-idamini waagoshan. "Noongom giwii-wiindamoon gaadooyaan, wenipanag: Mii eta dash giwii-nisidawendaan apii boonigidetaazoyan bwaa-waabanjigaadeg maamawigichi-inendaagwag." is close to: "I will see you again, said the fox. Now I will tell you what I have been hiding which is simple: You will understand when you let go of everything that the unseen is most important." This is the magic of the little prince, by listening to him, we learn to listen better to ourselves and all the beings who have secrets to share.

Anishinaabemowin is the language of the Odawa, Potawatomi, and Ojibwe people centered in the Great Lakes region of North America. It is currently used in more than two hundred Anishinaabe communities in Quebec, Ontario, Manitoba, Saskatchewan, Alberta, North Dakota, Michigan, Wisconsin, and Minnesota. Like many indigenous languages, its vitality is precarious. Although some of our most beloved elders and teachers left us in recent years, the number of speakers is beginning to hold steady. What we write today will be the bridge our future children have to the past.

This edition conforms to the spelling used in the western part of the diaspora. A few practical facts bear repeating to encourage those not familiar with Anishinaabemowin to dive into a book filled with long lines in a new language. The spelling system used in this volume is called Fiero Double Vowel. Although this is the most common writing system in the southern Great Lakes region, there are syllabic alphabets, folk-phonetic systems, alternate spellings, and other vocabulary choices that make the language of each community distinct.

To sound out the words remember the following comparisons to English: A single *a* sounds like the *u* in *cup*. / Double *aa*'s sound like the *a* in *father*. / One *e* sounds like the *e* in the French word *café*. / One *i* sounds like the *i* in words like *bit, little, sip*. / Two *ii*'s sound like the *ee* or *ea* in *knee, peach* or *each*. / A single *o* may sound like the *au* in *caught*, or the *u* in *put*. / Double *oo*'s sound like *oo*'s in *too, soon* or *moon*. / Consonants represent the same sounds as in English, but *f, l, r, v,* and *x* are never used. There are also consonant clusters: *sk, shp, sht, shk, mb,* and *nd*.

We thank the little prince, the fox, his rose and Antoine de Saint-Exupéry for the original story. We thank Edition Tintenfass, Jean-Marc Probst, and all the translators before us for extending its reach. We thank the *maanidog* and *aanikoobijiganag* of *Anishinaabemowin* who created the language we continue to use. And we thank all the friends and family who encouraged us for the many years it took to complete this project, especially Walter and Nadine Sauer who always believed it could be finished one day.

Margaret Noodin

Nimaamidonendaan gii-wiijibimibizoni'aad bineshiinhyan
okwiinonid ezhi-giimiid.

ANTOINE DE SAINT-EXUPÉRY

Ogimaans

Wezhibii'iged ogii-mazinibii'aanan mazinibii'iganan

Ogii-anishinaabewisidoonaawaa
ANGELA MESIC, MARGARET NOODIN,
SUSAN WADE gaye MICHAEL ZIMMERMAN Jr.

Edition Tintenfaß

Waabigonii-mazinibii'igan ogii-mazinibii'aan Rachel Butzin.

Distributed in the United States and Canada by Michigan State University Press.

© 2020 Edition Tintenfaß
69239 Neckarsteinach, Germany
Tel. / Fax: +49 – 62 29 – 23 22
www.verlag-tintenfass.de
info@verlag-tintenfass.de

Ogii-izhisidoon: τ-leχιs · O. Lange, Heidelberg, Germany

Printed in the United States of America

ISBN 978-3-947994-58-8

INDOODAWAA LEON WERTH.

Boonigidetawishinaam abinoojiiyag daga misawaa dash gii-doodamawag netaawigid.
Nimaamawinitaanaagadanenimaa wenji-doodamaan.
Niizhing: o'o abinoojii-mazina'igan gaye gakina gegoon onisidotaanan wa'aw netaawigid wenji-doodamaan. Nising: odaa Wemitigoozhiiwakiing izhi-bakaded miinawaa giikajid wenji-doodamaan. Onandawendaan wii-minawaanigwendang. Giishpin bwaa-nisidawendaman, inga-doodawaa ge mikwenimag apii gwiiwizensiwid mewenzha jibwaa nitaawigid. Gakina netaawigijig gii-oniijaaniziwag aanawi aanind minjimendamowaad geyaabi. Mii dash niwii-nanaa'ibii'aan:

Indoodawaa Leon Werth...
apii gaa-gwiiwizensiwid.

7

Bakebii'igan 1

Ingoding apii gaa-ingodwaaso-biboonigiziyaan chitwaa mazinichigan
gaa-waabandamaan mazina'iganing, gaa-izhinikaadeg *Debwemigad
Gaa-Ezhiwebag Chi-Gete-Megwaayakong*. Gichiginebig ogii-gonzhi'aan
awesiinhyan. Mii i'iw izhinaagwad.

Mazina'iganing gaa-izhi-dazhindaagwad: "Gichiginebigoog
ogabegonzhi'aawaan awesiinhyan, gaawiin wiikaa zhaashaagwanjigesii-
waad. Ishkwaa wiisiniwaad, bwaa-mamaajisewaad, miinawaa nibaawaad
ingodwaaswi giizisoon megwaa biniskwaagamizigewaad."

Nigii-nanaagadawendaan gaa-inakamigag giizhomegwaayakong.
Ishkwaa gii-aabajitooyaan mazinatigoons giizhitooyaan nimazinibii'igan.
Ekwa Ingoding Nimazinibii'igan. Mii i'iw izhinaagwad:

Nigii-waabanda'aag i'iw nitaamazinibii'amaan netaawigijig, miinawaa
dash gii-gagwejimagwaa giishpin zegiziwaad.

9

Aanawi gaa-nakomiwaad: "Nizegizimin ina? Aaniin dash daa-gositawendamaang desiwiiwakwaan?"

Gaawiin nigii-mazinibii'anziin desiwiiwakwaan. Nigii-mazinibii'aan gichiginebig biniskwaagamizitawaad jejiibajikiiyan. Aanawi dash gaawiin ogii-nisidotanziinaawaa netaawigijig, gaa-mazinibii'amaan miinawaa: gaa-mazinibii'amaan biinji-ayaad gichiginebigong, mii sa daa-nitaawaabandamowaad netaawigijig. Gaagige-noonde-waawiindamaagowag. Ekwa Niizhing Mazinibii'igan gaa-izhinaagwad:

Netaawigijig nigii-wiindamaagoog ji-boonimazinibii'amaan biinjigichiginebigong gemaa agwajigichiginebigong, nindawaa daa-diba'igeyaan gemaa dibaajimoyaan, gemaa agindaasoyaan, gemaa akiiwi-gikinoo'amaagoyaan. Mii sa wenji-gii-boonimazinibii'igeyaan apii ingodwaaswi biboonigiziyaan. Nigii-bwaanawitoon Ekwa Ingoding Mazinibii'igan miinawaa Ekwa Niizhing Mazinibii'igan wenji-gashkendamaan. Gaawiin wiikaa onisidotanziinini netaawigijin, booch igo gaagige-nisidotamoozhaawaad wenji-ayekoziwaad abinoojiiyag apane.

Mii dash gii-aandanokiiyaan miinawaa nandagikendamaan ji-bimaabikinamaan bemisemagakin. Bebangii nigii-babaamibiz ishpeming; miinawaa debwemigag ge aapiji miigwechiwendamaan gikendamaan akiiwi-gikinoo'amaagewin. Wenipanad gashki-gikinawaajitooyaan *China* miinawaa *Arizona*. Giishpin daa-wanibizod, gichi-inendaagwad o'o gikendaasowin.

Nimbimaadiz megwa, gii-megwaashkawagwaa niibowa bemaadizijig babaamendamowaad anooji inendaagwad. Ginwenzh nigii-wiiji-ayaamaag netaawigijig. Nigii-nanaagadawaabamaag ongow netaawigijig miinawaa gaawiin manaadenimaasiiwagwaa geyaabi.

Amanji igo apii nigii-megwaashkawaa gekendaasod mii dash Ekwa Ingoding Mazinibii'igan waabanda'ag geyaabi ayamaan. Nigii-nandagikenimaa giishpin nibwaakaad. Ogii-idaan apane:

"Mii i'iw desiwiiwakwaan aawan."

Mii dash gaawiin wiikaa nigii-aanimoomaasiig gichiginebigoog, gemaa chi-gete-megwaayakong, gemaa anangoog. Nigii-gagwe-inendam dibishkoo wiin. Nigii-dazhindaan ataadiwinan, zhigweyaabandang bagonigewinan, dibaakonigewin, miinawaa naabikawaaganag. Miinawaa netaawigijig ogii-gichi-inendaanaawaa megwaashkawiwaad gwayakwendamaan.

Bakebii'igan 2

Nigii-nazhikewiz, gaawiin awiya gii-ganoozhaasiiwag biinish gii-baashkabooniiyaan ingodwaaswaki gaa-biboonagag zhaazhi bagwadakamigong *Sahara*. Gegoo gii-biigoshkaade nimayaajiibizojiganing. Mii igo dash nigii-nazhikewiz, dash wenji-nanaa'itooyaan niin dibinawe. Nibi nigii-manez dash wenji-gichi-aakwaadag.

Mii dash nitam dibik nigii-nibaa bingwing, midaaswaak dibaa'iganan waasaa ge wiiya izhi-daad. Nigii-nazhikewiz igo dibishkoo naabikwaanishiinh aadashing naawi-chigaming izhi-babaamaa'ogod. Gidaa-inendaan dash ezhi gii-maamakaadendamaan, apii mookised giizis amajimigooyaan. Ogii-idaan:

"Daga, mazinibii'amawishin maanishtaanish!"

"Awegonesh?"

"Mazinibii'amawishin maanishtaanish!"

Nigii-bazigonjise. Nigii-basangwaab igo. Weweni nigii-inaab miziwegamigong. Miinawaa nigii-waabamaa agaashid, gii-ganawaabmid weweni. Mii omaa gidaa-waabandaan mazinibii'igan gii-mazinibii'amawag baanimaa. Nimazinibii'igan dash gaawiin minwendanziwaan ge minwendamaan mazinibii'amawag.

Gaawiin indaanwenindaagozisii. Netaawigijig nigii-aanishimigoog ji-mazinibii'igeyaan apii gii-ingodwaaswi daso biboonigiziyaan, miinawaa gaawiin gegoo bebikaan gii-mazinibiianziwaan, aanawi gichiginebigoog mazinibii'amawagwaa ezhi-inaagoziwaad zaagijayi'iing gaye biinjayi'iing.

Noongom nigii-nibaazaabamaa agaashid wenji-gii-gichi-maamakaadendamaan. Gidaa-mikwendaan ge gii-baashkabooniiyaan waasa bagwadakamigong ge gaawiin awiya izhi-daasiid. Aanawi wa'aw agaashiwinini ogii-bwaa-wanishin bagwadakamigong gemaa bwaa-manezid. Gaawiin ogii-inaagozisii wanishing bagwadakamigong, ingoding-midaaswak daso diba'ibanan waasa ge izhi-daad awiiya. Apii nigii-gagiigid gegapii, gii-izhi'ag:

"Howaa – aaniin wenji-ayaayan omaa?"

Miinawaa nigii-nakomig ge gegoo gii-gichigikaadendaagwag:

"Daga – mazinibii'amawishin maanishtaanish..."

Apii gaawiin ginisidotanziin geget ezhiwebag, booch igo daa-wawawingechigeyan wiindamaagoyan. Ge mayagi-inaagwad dash inendamaan, ge nazhikewiziyaan gaye ani-nibooyaan, gii-daapinamaan nimazina'igan gaye indozhibii'igan izhi-atemigag nibiindaaganing. Miinawaa nigii-mikwendaan ge nandagikendamaan ji-diba'igeyaan, dibaajimoyaan, agindaasoyaan, akiiwi-gikinoo'amaagoyaan, miinawaa gii-nishkaaji-ganoozhag ge bwaa-mazinibii'igeyaan. Nigii-nakwetaag:

"Gaawiin gichi-inendaagwasinoon. Mazinibii'amawishin maanishtaanish..."

Aanawi gaawiin wiikaa nigii-mazinibii'anziin maanishtaanish. mii dash nigii-mazinibii'amawaa mazin'bii'igan ge azhigwa gii-mazinibii'amaan. Nigii-mazinibii'amawaa zaagijayi'iing-gichiganebig.

12

Mii omaa mazinibii'igan gii-mazinibii'amawag baanimaa.

Miinawaa dash nigii-gichimaamakaadendam apii gii-idang:

"Gaawiin, gaawiin, gaawiin! Gaawiin nimisawendanziin jejiibajikiiyan gomaad gichiganebig. Gichiganebig chizegindaagozi, miinawaa jejiibajikiiyan onzaam mangiminagizinid. Gakina gegoo agaasaawan miinawaa gakina awiiya agaashiwaad izhi-daayaan. Nimisawendaan maanishtaanish. Mazinbiiamawishin maashtaanish."

Mii dash nigii-mazinibii'aan.

Weweni ogii-ganawaabandaan, miinawaa dash gii-idang:

"Gaawiin. A'aw maanishtaanish azhigwa aakozi. Mazinibii'amawishin miinawaa."

Mii dash nigii-mazinibii'aan miinawaa.

Niijii ogii-chizhoomiingweni.

"Nashke," ogii-idaan, "Gaawiin aawisii maanishtaanish. A'aw naabe-maanishtaanish aawi. Eshkanan ayaanan."

Miinawaa dash igo nigii-mazinibii'aan miinawaa.

Ogii-aanawendaan gaye, dibishkoo ge gii-mazinibii'amaan azhigwa.

"Onzaam gete-inaagozi. Nimisawendaan maanishtaanish wii-zhiibigikaad."

Dash i'iw apii nigii-misawendaan ji-nanaa'itooyaan nimayaajiibizojiganing gii-wenji-noondeshinaan. Mii sa nigii-ikowebinaan o'o mazinibii'igan.

Miinawaa nigii-waawiindamawaa.

"O'o omakakons eta aawan. Maanishtaanish izhi-ayaa biinjayi'iing omakakons."

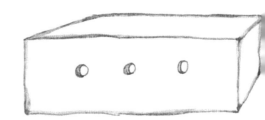

Nigii-maamakadendaan wii-waabamag a'aw agaashid gichizhoomiingwenid:

"Nigii-misawendaan i'iw wawiinge! Gidinendaan ina a'aw maanishtaanish wii-debisiniid?"

"Aaniin dash?"

"Gakina gegoo agaasaawan izhi-daayaan…"

"Mii i'iw minik daa-miijigaadewan," nigii-idaan. "A'aw maanishtaanish odagaashi gii-miizhinan."

Ogii-niisaabandaan mazinibii'iganing.

"Gaawiin aapiiji odagaashisii – Nashke! Ogii-ani-nibaa…"

Mii ezhi nigii-nakweshkawaa ogimaans.

Bakebii'igan 3

Ginwenzh nigii-nandagikendaan gaa-onjibaad ogimaans. Ogimaans, mii misawaa nigii-gagwejimaa anooji-gegoo, gaawiin wiikaa gii-nakwetawisig gagwejimag. Nanidaach apii ogii-gagiigido eshkam gii-nisidotamaan gakina.

Nitam apii ogii-waabandaan nibemisemagak (gaawiin niwii-mazinbii'ansiwaan; onzaam zanagag ji-mazinibii'amaan), gii-gagwejimid:

"Awegonesh i'iw aawang?"

"Gaawiin aawanzinoon eta. Animibide. O'ow bemisemigak aawan. Indibendaan."

Aapiji igo nigii-chi-apiitendaan ji-wiindamawag ge gashki-bimibizoyaan.

Mii dash ogii-noondaagozi:

"Taahaa! Gigii-mizhakii ina giizhigong?"

"Enh," nigii-nakwetawaa dabasendamaan.

"Onh! Mii gichi-wawiiyadendaagwad dash!"

Mii dash ogimaans ogii-gichibaapi, miinawaa gii-nishki'id aapiji. Daa-chi-inendaagwad apii maji-zhewebiziyaan.

Mii dash ogii-idaan:

"Mii ina ge giin igo, gigii-onjibaa giizhigong? Aaniindi aadawaa'am-ogimaang gaa-onjibaayan?"

Iw apii dash nigii-ani-nisidawenimaa, dash gii-nandotawag zezikaa:

"Gidonjibaa ina gichi-waasa bakaan aadawaa'am-ogimaang?"

Aanawi gaawiin nigii-nakwetaagosii. Mii eta ogii-waawaabandaan nibemisemagak:

"Debwemagad ge bwaa-onjibaayan chi-waasa…"

Miinawaa dash ginwenzh ogii-animendam. Mii dash, ogii-gidinaan nimaanishtaanishens gii-mazinibii'amaan obiindaa'iganing, miinawaa naagadawendang ginwenzh.

Gidaa-inendaan ge ezhi-maamakaadenimag gii-dazhimaad "bakaan aadawaa'am-ogimaawan." Getenaam nigii-gagwe-nandagikendaan gikendang dash.

"Aaniindi gaa-wenjibaayan, niijii? Aaniin edaman 'gaa-wenjibaayaan,' ge dazhindaman? Aaniindi waa-izhiwidooyan gimaanishtaanish?"

Ishkwaa gii-naagadawendang weweni nakwetawid:

"O'o makakoons apii dibishigiishkaamagad maanishtaanish daa-aabajitood wii-izhi-daad mii wenji-minwendamaan aapiji.

"Geget. Miinawaa giishpin mino-izhewebiziyan, giwii-miizhin asabaabiins ji-zagibizhad ge giizhigag miinawaa meniganaatig ji-zagibizhad."

Aanawi ogii-maamakaadendaagozi ogimaans:

"Nizagibizhaa ina! Mayaagi-inendaagwad sa naa!"

"Aanawi giishpin gaawiin zagibizhaasiwad," nigii-idaan, "owii-babaami-ayaa miinawaa wii-wanishinid."

16

Ogimaans ayaa gichi-jiingwaning B-Ingodwaaswaak-midaaswi-ashi-niizh

Niijii ogii-baashkaapi miinawaa:
"Aaniindi daa-ezhaanigwen?"
"Ningoji igo. Niigaani-inose."
Miinawaa dash ogimaans ogii-idaan, dabasendang:
"Gaawiin nimbamendanziin. Gakina chi-agaasinoon izhi-daayaan!"
Miinawaa, bangii ogii-gashkendam, gii-idang:
"Giishpin daa-niigaani-inosed, gaawiin chiwaasa daa-izhaasii..."

Bakebii'igan 4

Nigii-nandagikendaan niizhing gichi-inendaagwag: aadawaa'am-
ogimaang onjibaad ogimaans gaawiin onzaam anooji michaasinog apii
waakaa'igan! Gaawiin nigii-maamakaadendanziin. Nigii-gikendaan
aabideg biitoosh aadawaa'amoog ogimaag – ge ezhinkaazowaad Akii,
Zhaawan-anang, Miskwaa-anang miinawaa Waaban-anang – gaye dash

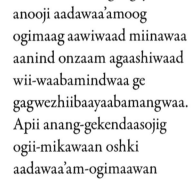

anooji aadawaa'amoog
ogimaag aawiwaad miinawaa
aanind onzaam agaashiwaad
wii-waabamindwaa ge
gagwezhiibaayaabamangwaa.
Apii anang-gekendaasojig
ogii-mikawaan oshki
aadawaa'am-ogimaawan

gii-wiinzhaad agindaasowinan aabajitoowaad. Ge
izhi-nisidawendaagwad, "Gichi-jiingwan Niswaak-
niizhtana-ashi-naanan."

Indebwetaan ge aadawaa'am-ogimaawan gaa-
onjibaad ogimaans geget-aawang gichi-jiingwan gaye
izhinikaadeg "B-Ingodwaaswaak-midaaswi-ashi-niizh."

Wa'aw gichi-jiingwan gii-waabanjigaade aabiding apii zhiibaayaabanjigaadeg. *Turkish* anang-gekendaasonid ogii-zhiibaayaabandamini i'iw apii ingoding midaaswaak-zhaangwaaswaak-ashi-zhaangwaaswi gikinoonowagag. Apii ogii-mikamini gichi-jiingwan, anang-gekendaasonid minwaadodaminid izhi-okwiinonid gakina anang-gekendaasojin. Mii misawaa *Turkish* ogii-izhikwanayewan, miinawaa gaawiin awiiya gii-debwetaagosig. Ge izhewebiziwan netaawigijin... *Turkish* gichi-ogimaa gii-wiindamowaad gakina *Turks* daa-aanjikwanayenid wii-ezhi-inaagozinid dibishkoo Zhaaganaashan gemaa wii-nibonid. Mii dash gikinoonowagad ingoding-midaaswaak-zhaangwaaswaak-ashi-niizhtana *Turkish* anang-gekendaasonid gii-minwaadodaminid jiikikwanayenid. Mii dash gakina awiiya ogii-debwetaagoon.

Giishpin gii-dibaadodamaan gichi-jiingwan, gaye wiindamoonan izhinikaadeg, dash ezhi-izhichigewaad netaawigijig. Apii giwiindamawaag netaawigijig gii-wiijikiwenyimad awiiya, gaawiin wiikaa nandotaagosiwan chi-inendaagwag. Gaawiin wiikaa giwiindamaagoosii, "Aaniin ezhi-enawed? Awegonen maamawi-odaaminowaadang? Odebibinaan ina memengwewan?" Nindawaa, giwiindamaagoo:

"Aaniin endaso-biboonigizid? Aanish minik enawenimaad? Aaniin epiitinigozid? Aaniin ezhi-zhooniyaakenid odoosiman?" Ogikenimaawaan eta apii gikendamowaad ezhi-inenimaawaad.

Giishpin netaawigijig wiindamawadwaa: "Ginaajiwan miskwaasini-waakaa'igan nigii-waabandaan, bezhigojiibikag ayaawaad waasechiganing miinawaa miimiiwag ayaawaad pakwaning." Gaawiin ganage owii-nisidawendanziinaawaa i'iw miskwaasini-waakaa'igan. Aabideg gidaa-wiindamawaag: "Waakaa'igan niizhtana-daso-midaaswaak waabikoon gii-inagindeg gii-waabandamaan." mii dash odaa-zoongwewag: "Onzaam ginaajiwan i'iw waakaa'igan!"

Mii iidig gidaa-wiindamawaag: "Ogii-minowe, gii-baapid miinawaa nandawaabmaad maanishtaanishan dash waabanda'igaadeg ogimaans gwayak-ayaad. Giishpin awiiya misawenimaad maanishtaanishan mii dash gwayak-ayaad." Awegonen waa-ezhiwebag giishpin wiindamawadwaa? Ganabaj gaawiin daa-ombidinimaaganewaad miinawaa baapinodaagooyan. Giishpin daa-wiindamawadwaa: "Ogii-onjibaa gichi-jiingwaning B-Ingodwaaswaak-midaaswi-ashi-niizh." Dash wii-debwetoowaad gaye booniikaagooyan.

Mii dash ezhi-izhiwebiziwag. Gaawiin daa-dibaakonaasiiwag. Abinoojiiyag, apane daa-gichi-apiitenimaawaan netaawigijin.

Aanawi dash geget, ge nisidawendamang bimaadiziwin, agindaaso-winan bwaa-gichi-inendaagwag. Nigii-daa-inaajim dibishkoo ge azheyaajimowaad. Gonemaa gii-idamaamban: "Aabiding dash mewenzha ogimaans ogii-ayaa gaye izhi-daad aadawaa'am-ogimaang dash gaawiin anooji mindidosiinid apii wiin, gaye misawenimaad maanishtaanishan..."

Giishpin nisidawendaman bimaadiziwin, anooji gidaa-debwetoon iidog ge inaajimoyaan.

Gaawiin nimisawendanziin wii-aginjigaadeg maamaanzh. Onzaam nigii-gagwaadagendaanan apii ozhibii'amaan ge biziskendamaan. Ingodwaaswaaki izhiseg apii dash ishkwaaj waabamag niijii, gaye ayang omaanishtaanish. Giishpin gagwedazhimag omaa, gaawiin niwii-wanenimaasii geget. Maanadendaagwad giishpin aapidinenjigaazod wiijiiwaagan. Gaawiin gakina owiijikiwenyimaasiiwaan. Miinawaa giishpin wanenimag, dibishkoo netaawigijig ezhi-izhiwebiziwag dash daa-ani-aawiyaan ge bamendamowaad agindaasowinan eta...

Mii dash, miinawaa, wenji-giishpinadooyaan makak izhi-ateg zhizhoobiiga'iganan gaye ozhibii'iganatigoon. Zanagad wii-mazinibii'igeyaan miinawaa ezhi-biboonigiziyaan, apii dash gaawiin wiikaa mazinibii'anziwaan misawaa ginebig gii-mazinibii'amaan zaagijayi'iing gaye biinjayi'iing, apii ingodwaaswi daso biboonigiziyaan. Niwii-gagwemazinibii'aanan ge waabandamaan geget-izhiwebag. Gaawiin indebweyendanziin wii-wawiingetooyaan. Bezhig mazinibii'igan daa-mino-ozhibii'gaade iidog, dash bakaan bwaa-nisidawaabanjigaadeg. Nigii-bichi-doodaan gaye apii mazinibii'ag ogimaans ezhi-apiitizid: nigii-mazinibii'aa onzaam chi-apiitizid dash miinawaa gii-mazinibii'ag onzaam dakoozid. Minawaa nigezikwendaan gaa-ezhi-inaandeg biizikang. Dash nigagwejitoon, mino-izhiseg, maji-izhiseg, gaye bagosendamaan izhiseg eta.

Geget ge niwii-bichi-doodaanan apii inendaagwag gaye. Misawaa dash gaawiin niwii-aanwenindaagozisii. Niijii gaawiin wiikaa nigii-waawiindamaagosii. Ogii-inendaan, mii iidog, ge bezhigwenimag. Aanawi niin, anaakaaj, gaawiin nigikendanziin ji-zhaabwaabandamaan makako-aasamisagoon izhi-ayaad maanishtaanish. Ganabaj dibishkoo netaawigijig ezhi-izhiwebiziyaan. Booch igo nigii-ani-zhiibigikaa.

Bakebii'igan 5

Ge daso-giizhig gii-izhise daa-gikendamaan, ge ganoozhag dash dazhimaad ogimaans odaadawaa'am-ogimaaman, ezhi-maajaad, ge babaamaadizid. Nengaaj nigii-ani-gikendaan, ge bagwana mikwendang. Nigii-noondaan dash, eko-nisogonagag, gaa-maji-izhewebag *baobab*-ing.

Iw apii dash, miinawaa, maanishtaanishan anaamenjigaazowan. Ogimaans nigii-gagwejimig zezikaa – dibishkoo giiwadendang – "Debwemagad ina igo, maanishtaanishag amawaawaad mitigoonsan?"

"Enh, debwemagad."

"Ah! Niminwendaan!"

Gaawiin nigii-nisidotanziin wenji-gichi-apiitendaagwag ge maanishtaanishag daa-amawaawaad mitigoonsan. Aanawi ogimaans ogii-idaan:

"Mii dash ina debwemagad gaye ge daa-amawaawaad *baobab*-an?"

Nigii-wiindamawaa ogimaans *baobab*-an gaawiin aawisinig mitigoonsan, indawaa, gichi-mitigoon aawinid gaye apiitizinid dibishkoo gichi-wakaa'igan; gaye giishpin gii-maajiizhaad jejiibajiikiin, iniw jejiibajiikiin gaawiin daa-amawaasigwaa bezhigo *baobab*-an.

Ogimaans ogii-baapi apii inendang ezhi-okwiinonid jejiibajiikiin.

"Gidaa-okoshimaanaanig bebezhig," ogii-idaan.

Aanawi ogii-nibwaakaawidaan:

"Jibwaa gii-ombigiwan mindidonid igo, *baobab*-an gii-agaashinid."

"Gidebwe sa," nigii-idaan. "Aanawi aaniin dash misawenimadwaa maanishtaanishag wii-amawaawaad *baobab*-an?

Wewiib nigii-nakomig, "Oh, inendan, inendan!" ge dazhindang gegoo nisidawendaagwag wenipan. Dash booch igo nigii-nanaagadawendaan

giizhendamaan ge bwaa-naadamaagooyaan.

Geget, nigii-ani-gikendaan, imaa odaadawaa'am-ogimaaming ogimaans izhi-daad – dibishkoo gakina aadawaa'am-ogimaang – mino-zaagiging gaye maji-zaagiging. Mii onji-aawanoon mino-miinikaanensan onzikaag mino-zaagiging, miinawaa maji-

miinikaanensan onzikaag maji-zaagiging. Aanawi miinikaanensan
bwaa-waabanjigaadewan. Atenoon apiitaakamigaang, biinish gagwe-
zaagakiig. Dash miinikaanens wii-zhiibiigibijigaade gaye maajiseg –
akawe bejiging – dash ani-ombiging ishpiming akeyaa giizisong. Giishpin
wiisagijiibikoons zaagiging gemaa oginiiminagaawanzh eta, maanoo
daa-zaagiginoon dibi igo. Aanawi apii maji-zaagigin, daa-
nishwanaajichigaadeg wayeba, apii nitaam nisidawaabanjigaadeg.

Mii dash imaa maji-miinikaanensan gii-atenoon odaadawaa'am-
ogimaaming wenjibaad ogimaans; gaye onzikaag *baobab*-ing.
Odaadawaa'am-ogimaaming anaamakamigong gii-miinikaanensikaa.
Baobab gaawiin wiikaa giwii-giichigonaasii giishpin booniikawad.
Dazhigi miziwewigamigong. Ojiibikoon odaabajitoon wii-
bagwanebijiged. Gaye giishpin aadawaa'am-ogimaawan onzaam
agaashinid igo, gaye *baobab*-ikaag igo, obanaaji'aawaan…

"Geget igwa daa-nanaa'ichigaade," ogimaans nigii-ig baanimaa. "Apii gigii-giizhiitaa gigizheb, dash daa-nanaa'ichigaadeg gidodaadawaa'am-ogimaaming, ge ganawenimad aapiji. Gidaa-giichigonaag apane gakina *baobab*-ag, apii dash nisidawaabanjigaazowaad ge dibishkoo oginiiminagaawanzhiin ezhi-inaagoziwaad. Weweni daa-wawiingechigaade," ogimaans ogii-idaan, "aanawi wenipanag igo."

Miinawaa aabiding nigii-izhi'ig: "Gidaa-nitaamazinibii'aan, mii dash abinoojiiyag izhi-daawaad wenjibaayan daa-nisidawaabandamowaad. Daa-aabajichigaade apii dash babaamaadiziwaad ingoding. Aangodinong," ogii-idaan, "gaawiin maji-izhiwebasiinoon wii-baabiitooyan ji-anokaadaman." Aanawi apii *baobab*-ag inakamigiziwag, apane maji-izhewebag. Nigii-gikenimaa aadawaa'am-ogimaa ge izhi-daanid getimizinid. Ogii-wanendamini niswi mitigoonsikin…"

Mii dash, ge ogimaans nigii-dibaajimig, gii-mazinibii'ag a'aw aadawaa'am-ogimaa. Gaawiin nimisawendanziin wii-wiindamawagwaa daa-ezhi-nendamowaad. Aanawi *baobab*-ag ezhi-zegendaagoziwag bwaa-nisidawendaagwag, gaye zegendaagwag aapiji giishpin awiiya wani'idizod gichi-jiingwaning, daa-dazhindamaan noongom. "Abinoojiiyag," indidaan, "ayaangwaamizig giishpin waabamegwaa *baobab*-ag!"

Niijiiwag, ge niin, ogii-aanwendaanaawaa zegindaagwag ginwenzh, dash bwaa-gikendamowaad; dash wenji-ozhibii'amawagwaa getenaam. Dash daa-izhi-nisidawendaagwad wenji-wawiingetooyaan.

Ganabaj wii-gagwejimiyan, "Aaniin dash gaawiin atesinog o'o mazina'iganing mazinibii'iganan ge maamakaadendaagwag dibishkoo izhi-mazinibii'adwaa *baobab*-ag?"

Wenipan niwii-nakwetaan. Nigii-gagwejitoon. Aanawi gaawiin nigii-nitaa-mazinibii'anziinan. Apii nigii-mazinibii'aag *baobab*-ag gii-ombinenim'igooyaan ge booch igo daa-izhiwebag.

Mitigoog ezhinikaazowag *baobab*

Bakebii'igan 6

Onh, ogimaans! Bebangii nigii-ani-nisidawendaan gaa-gaadooyan ge bimaadiziyan… Ginwenzh anishaa igo naa eta gigii-ganawaabandaan bangishimong. Nigii-nandagikendaan gizhebaang niiwogonagag, apii gii-wiindamawiyan:

"Aapiji niminwendaanan bangishimong. Aambe, gidaa-ganawaabandaamin bangishimong zhigo."

"Aanawi dash gidaa-baabiinchigemin," nigii-idaan.

"Gidaa-baabiinchigemin ina? Aaniin dash?"

"Wii-bangishimon. Gidaa-baabiinchigemin biinish izhiwebag."

Akawe goni gigii-goshkwendam dash baapizhinidizoyan. Gigii-wiindamaw:

"Apane ninendaan ayaayaan izhi-daayaan igo!"

Mii gwayak. Gakina ogikendaanaawaa ge izhi-naawakweg Chimookomaanakiing dash izhi-bangishimong Wemitigoozhiwakiing.

Gishpin daa-izhi-bimiseyanen iwedi Wemitigoozhiwakiing ge ingo-diba'iganens izhiseg, gidaa-gwayak-izhaanaadog bangishimong, gwayak ge naawakweg. Bayetooj, Wemitigoozhiwaki onzaam waasa atemigad. Aanawi gidaadawaa'am-ogimaansing, niijii, mii eta dash daa-mamaadinaman bangii gidapabiwin. Gidaa-waabandaan wayekwaagiizhig izhi-zaagaateg gemaa dibikaabaminaagwag izhi-onaakonaman...

"Ingoding," gigii-wiindamaw, "nigii-waabandaanan bangishimong niimidanaching!"

Gaye dash naagaj gigii-idaan gaye:

"Gidaa-gikendaan – ozaagitoon bangishimong, apii gashkendang igo..."

"Gigii-gashkendam igo ina?" nigii-gagwejimaa, "apii bangishimong niimidanaching?"

Aanawi dash gaawiin ogii-nakwetanziin ogimaans.

Bakebii'igan 7

Naanogonagad – miinawaa, ge apane, mii igo dash maanishtaanishan gaa-wenji-gikendamaan gichi-inendang ogimaans. Zezikaa dash, dibishkoo gaa-nanaagadawendang ginwenzh, gii-nandotawid:

"Maanishtaanish – giishpin mitigoonsan amawaad, odaa-amawaan ina oginiin gaye?"

"Maanishtaanish," nigii-nakwetawaa, "owii-miijin gashki-miijid."

"Gaye ina gaawizigani-oginiig?"

"Enh, gaye gaawizigani-oginiig."

"Dash gaawiziganan – Aaniin danaa-apiichi-aabajichigaadeg?"

Gaawiin nigii-gikendanziin. I'iw apii, nigii-ojaanimiz ge giichigo-biima'amaan biiwaabiko-zagaakwa'igan nimayaajiibizojiganing. Nigiionzaamendam, ge nisidawaabandamaan aapiji-inendaagwag gaa-wenji-bookochishkaag nibimisemagak. Gaye onzaam bangii nibi dash nigii-ayaan ge ani-chi-zegiziyaan.

"Gaawiziganan – aaniin danaa apiichi-aabajichigaadeg?"

Ogimaans gaawiin wiikaa ogii-wanendanziin gaa-gagwedwed, apii gegaapii gagwedwed. Gaye niin, nigii-dishkendaan i'iw biiwaabiko-zagaakwa'igan. Gaye nigii-nakwetawaa nitaam gaa-inendamaan:

"Gaawiziganan gaawiin aabadasinoon. Oginiig odayaanaawaa gaawiziganan wii-zhiingendaagoziwaad eta!"

"Onh!"

Iw apii dash nigii-bizaanabimin. Apii ogimaans ogii-izhi'ig ge nishkendang:

"Gaawiin gidebwetoosiinoon! Oginiig zhaagoziwag. Goopaadiziwag. Gagaanzondizowag getenaam. Odinendaanaawaa ogaawiziganiwaan aapiji-zegendaagwag…"

Gaawiin nigii-nakwetawaasii. I'iw apii nigii-izhi'idiz: "Giishpin biiwaabiko-zagaakwa'igan gaawiin daa-biimiskonanziwaan, niwii-bakite'aan ge aabajitooyaan bakite'igan." Miinawaa ogimaans nigii-wanishkwe'ig:

"Gaye gidebwetaan ge oginiig –"

"Onh, gaawiin!" nigii-biibaagimaa. "Gaawiin, gaawiin, gaawiin! Gaawiin gegoo indebwetoosiin. Gigii-nakwetoon ge nitaam inendamaan. Ginisidawaabandaan ina – aapiji ondamendamaan gichi-inendaagwag!"

Nigii-ganawaabamig, maamakaadendang.

"Gichi-inendaagwadoon!"

Nigii-ganawaabamig imaa, ge debibinamaan nibakite'igan, nininjiinsan mayaajiibizojiganaaboo wenji-makadewaandeg, nawetaayaan gegoo maji-inaagwag igwa ezhi-nisidawaabandang ogimaans…

"Gigagiigid dibishkoo netaawigijig!"

Nigii-agadendaan bangii. Aanawi ogii-idaan geyaabi, bwaa-boonitaad:

"Gaawiin gigwayako-inendanziinan gakina... Gigiiwashkweyendaanan gakina..."

Ogii-apiichigidaazo. Ogii-baweginaan odozaawaa-wiinzis izhi-bimaanimag.

"Nigikenimaa aadawaa'am-ogimaa izhi-ayaanid miskwiingwenid mamaandaagowininiwan. Gaawiin wiikaa ogii-gojimaamigoon oginiin. Gaawiin wiikaa ogii-ganawaabamigoosiin anangoon. Gaawiin wiikaa ogii-zaagi'igoosiin. Gaawiin gegoo idash ogii-izhichigesiiwan aanawi aginaminid asigibii'iganan eta. Gaye gabe-giizhig eta dash apane odidamini, ge giin: "Indondamendaan chi-inendaagwag!" Gaye aapiji ishpaanenimidizo. Dash gaawiin ininiwisii – wazhashkwedoonsiwid!"

"Awegonen?"

"Wazhashkwedoons!"

Ogimaans ogii-ani-onzaamigidaazo.

"Oginiig ogii-ayaanaawaan gaawiziganan anooji apii midaaswaak-daso-midaaswaak biboonagag. Gaye midaaswaak-daso-midaaswaak biboonagadoon dash aanawi maanishtaanishag amawaad oginiin geyaabi. Gaye ina gichi-apitendaagwad gagwe-nisidawendamang wenji-izhiging gaawiziganan dash bwaa-aabadag? Bwaa-gichi-inendaagwad ina ge miigaadiwaad maanishtaanishag gaye oginiig? Anooji ina gichi-inendaagwad apii dash wiininod miskwiingwed maandaagoowinini ge agindaasod? Gaye giishpin gikendamaan – ge

niin – ogin maamawibezhigoowid, ge izhigid indaadawaa'am-
ogimaaming eta, misawaa bezhigo maanishtaanishan daa-banaaji'aad eta
apii dakwamaad amanji igo gigizheb, ge bwaa-baamendaminid – Onh!
Gaawiin ginendanziin gichi-inendaagwag!"

Ogii-waabimiingwe dash ani-miskwiingwed ge idang:

Giishpin oginan zaagi'aad, ge bezhigoowinid baashkaabigwanenid
gaye ombiginid megwe midaaswaak-daso-midaaswaak anangong mii igo
daa-debizid apii ganawaabamaad anangoon. Odaa-izhi'idizo 'Ingoji,
indoginim ayaa imaa...' Aanawi giishpin maanishtaanish amawaad
odoginiman gakina daa-maji-inakamigag... Miinawaa gaawiin gaawiin
ginendanziin gichi-inendaagwag!"

Gaawiin gegoo odaa-idanziin miinawaa. Ogii-
bangigaawizibiingwewidam aapiji.

Gii-ani-dibikad. Nigii-bangisidoonan indaabajichiganan. I'iw apii ina
dash maamawigichi-inendaagwadoon nibakite'igan, nibiiwaabiko-
zagaakwa'igan, ge gaaskanaabaagweyaan, gemaa daa-niboyaan? Bezhigo
anangong, indaadawaa'am-ogimaaming, Aki, ogimaans ogii-ayaa dash
booch igo daa-zoongide'eshkawenimind. Nigii-aabitoojiizhaa, dash
jichibakozhag. Nigii-izhi'aa:

"Gidoginim ge zaagi'ad bwaa-naniizaanizid. Giwii-mazinibii'amoon
gibidoonezhigan daa-aabijitood gimaanishtaanishim. Giwii-
mazinibii'amoon minjikan dash daa-minjikanaakobizhad gidoginim.
Niwii –"

Gaawiin nigii'ginendanziin ji-izhi'ag. Nigii-adagadendaan gaye
gagiibaadiziyaan. Gaawiin nigii-gikendanziin ezhi-inishkawag, ge
wiidosemidiyaang gaye wiijikiwenyimidiyaang miinawaa.

Giimoodad wenji-bangigaawizibiingweyang.

Bakebii'igan 8

Wayeba anooji nigii-ani-gikenimaa odoginiman. Ogimaans odaadawaa'am-ogimaaming gii-dazhiginoon waabigwaniin apane bagak-inaagwag. Gii-izhi-atenoon bezhigwang agwiitawising aniibiishan eta; agaasaag gaye onzaam dawaag dash bwaa-abinaaniwang; gaawiin baamendaagwasinog. Bezhig-gigizheb gii-bi-mookisewan mashkosiwing, gaye apii dibikag daa-booninaagwag bizaan. Aanawi ingoding, miinikaaning gaa-biidwebaasing anishaa, oshki-zaagikiin gii-zaagiginid; gaye ogimaans naanaagadawaabamaad weweni bezhigoowinid weshkiginid. Ganabaj, ogii-aawiwan iidog oshki-*baobab* dinowa.

Oginiiminagaawanzhiin gii-booniginid, gaye maajii-baashkaabigwanenid oginiin. Ogimaans, ge ogii-waabamaan oginiin maajii-baashkaabigwanenid, maaminonenimaad wii-miikawaadizinid aapiji. Aanawi oginiin gaawiin ogii-giizhiitaasiiwan wii-ozhiitaanid ezhi-miikawaadizinid izhi-ayaanid. Weweni igo ogii-inaakonaan ezhi-inaanzonid. Ogii-nanaa'inamini bebezhig odaniibiishan. Gaawiin ogii-misawendanziin ji-maji-inaagaozinid apii waabanjigaazonid, dibishkoo mayagi-miskondibebag. Mii igo eta dash ogii-misawendamini ji-waabanjigaazonid apii chitwaa ezhi-inaagozinid. Onh, enh! Aapiji ogii-noodendamoshkiwan igo! Gaye chitwaa ogii-ezhi-inaagoziwan dasogon.

Dash ingoding gigizheb, gwayak apii mooka'ang, ogii-mookisewan zezikaa.

Gaye, ishkwaa ogii-aabidanokiiwan wawiinge, naanibaayawenid gaye idaminid:

"Ah! Nigoshkoz gejishk. Daga gaasii'amawishin. Indaniibiishan geyaabi gaawiin maashi nigii-oninanziinan..."

Aanawi ogimaans ogii-maamakaadenimaan aapiji:

31

"Onh! Gimiikawaadiz igo!"

"Gaawiin ina nimaamakaadendaagozisii?" oginiin ogii-manaazomigoon. "Gaye nigii-ondaadiz bekish ge giizis..."

Ogimaans ogii-nisidawendaan wenipan ge gaawiin onzaam dabasendanzinig-aanawi onzaam maamakaadendaagozinid igo!

"Nimaaminonendaan daa-gizhebaa-wiisiniyaan," noomag ogii-idamini. "Giishpin daa-zhaawenimiyan, gidaa-inendaan maneziyaan –"

Gaye ogimaans, ogii-agadendaagozi igo, mii dash naadoobiid. Mii, ogii-ganawenimaa oginiin.

Mii dash, ogii-maajii-gagwaadagi'igoon ge apane dazhinindizonid eta – mii geget-izhiwebag – migoshkaaji'ind. Ingoding, apii ogii-dazhindamini oniiwo-gaawiziganan, izhi'igod ogimaans:

"Bagidin mishi-beshibii-bizhiwag wii-bi-izhaawaad ge mashkawishkanzhiiwaad!"

"Gaawiin ayaasiiwag mishi-beshibii-bizhiwag indaadawaa'am-ogimaaming," ogimaans ogii-idaan. "Gaye, mishi-beshibii-bizhiwag gaawiin omiijisiinaawaa maji-zaagikiin."

"Gaawiin indaawisii maji-zaagikii," oginiin ogii-manaazomigoon. Daga gaasii'amawishin..."

"Gaawiin ganage nizegi'igosiig mishi-beshibii-bizhiwag," ogii-idamini, "aanawi gotamaan

dakaanimag. Ganabaj ina gidayaan nooshkijigan wii-ganawenimiyan?"

"Gigotaan dakaanimag-maazhiseg, ge zaagikii," ogii-idaan ogimaans, miinawaa izhi-idizod, "wa'aw ogin zanagizid sa..."

"Apii dibikad nandaweniminan ashi'iyan anaami-moodayaabikong. Gisinaa igo izhi-daayan. Dash indonjibaa –"

Aanawi ogii-wanishkwe'idizowan. Ogii-ondaadiziwan miinikaaning. Gaawiin odaa-gikendanziin ge izhiwebag bakaanakiing. Ogii-agadendamini gegaa bagwanawaadizinid, dash ozosodamookaazonid niizhing gemaa nising, ji-menishimaad ogimaans.

"Nooshkijigan ina gidayaan?"

"Nigii-gagwenandawaabandaan apii ganoozhiyan..."

Dash ogii-ozosodamookaazowan anooji mii daa-aanimendang.

Mii ogimaans, ogii-maajii-zhaagwenimaan misawaa geyaabi zaagi'aad. Onzaam ogii-inendaan gaa-wiindamawind ge bwaa-gichi-inendaagwag, gaye ani-maazhendang.

"Gaawiin nigii-daa-bizindawaasii," nigii-wiindamaag ingoding. "Gaawiin wiikaa daa-bizindawaasiiwag oginiig. Mii igo eta daa-waabanjigaazowag gaye biijimaamindwaa. Indoginim aapiji gii-biijimaamaa miziwe indaadawaa'am-ogimaaming. Aanawi gaawiin nigii-gikendanziin ezhi-minwenimag misawaa maamakaadendaagozid. Ge nidazhimaag oshkanzhiig, ge bimenimigooyaan aapiji, igo eta dash gii-daa-minwendamaan gaye zhaawendamaan."

Gaye nigii-wiindamaag geyaabi:

"Geget ge gaawiin nigii-gikendanziin igo ezhi-nisidawendamaan! Nigii-daa-inaakonaa ge doodang indawaaj idang. Nigii-jiishi'ig. Gaawiin wiikaa indaa-gijiba'aasii... Nigii-daa-gikendaan geget izhiwebizid gaye ezhi-webi'id. Oginiig aapiji aayaazhawendamog! Aanawi nigii-oshkiniig igo ji-gikendamaan ezhi-zaagi'ag..."

Bakebii'igan 9

Indebwetoon gii-wiijibimibizoni'aad bineshiinhyan okwiinonid ezhi-giimiid. Gizhebaang apii ogii-maajaa nanaa'itood gakina odaadawaa'am-ogimaaming. Weweni ogii-biinitoonan odishkodewadinan. Ogii-dibendaanan niizh endaso-ishkodewadinan; gaye dash aabajichigaadeg wii-giizigaadeg waa-gizhebaa-miijid. Gaye dash bezhig ishkodewadin ogii-dibendaan angomagag. Aanawi, ge idaan, "Bwaa-gikendaan gosha!" Mii dash ogii-biinitoon ishkodewadin angomagag gaye. Giishpin nitaa-biinichigaadeg, ishkodewadinan bwaawaakideg, gaye bwaa-zaagajiboodaajigaadeg. Ishkodewadinan zaagajiboodaajigaadeg dibishkoo ishkoden boodawaaganing.

Omaa akiing geget igwa ge onzaam agaashiyaang wii-biinitooyaang indishkodewadininaanan. Mii dash wenji-aanimakamigag apane.

Ogimaans gaye ogii-bakwajibizhaan, ge wasidaawendang igo, ishkwaaj *baobab*-an. Ogii-debwetoon gaawiin wiikaa wii-misawendang ji-azhegiiwesiid. Aanawi ishkwaaj gizhebaawagag gakina gaa-doojiged gichi-inendang aapiji. Gaye dash apii ogii-ziiga'andamawaan oginiin ishkwaaj, miinawaa ani-anaamazhenaad omoodayaabikong, gii-maaminonendang gegaa bangigaawizibiingwed.

"Niwii-maajaa," ogii-idamaan oginiin.

Aanawi dash onakomigoosiin.

"Niwii-maajaa," ogii-idaan miinawaa.

Weweni ogii-biinitoonan odishkodewadinan.

Oginiin gii-ozosodamowan. Aanawi gaawiin aakozisiiwan dash wenji-ozosodaminid.

"Nigii-gagiibaadiz," ogii-wiindamaagoon, ishkwaaj. "Boonigidetawishin daga. Gagwe-minawaanigozin…"

Ogii-maamakadendanan ge bwaa-aanawenimind. Ogii-goshkogaabawi, omoodayaabik ishpaa-ininigaadeg. Ogii-bwaa-nisidawendaan ezhi-zhawenjigenid.

"Geget gizaagi'in gosha," oginiin gii-wiindamaagod. "Indanaamindiz ge bwaa-gikendaman apane. Gaawiin dash noongom gichi-inendaagwasinoon. Aanawi dash giin – gigii-aagawaadiz dibishkoo niin. Gagwe-minawaanigozin… nagadan o'ow omoodayaabik. Gaawiin noongom nimisawendanziin."

"Aanawi dash noodin –"

"Gaawiin onzaam indaakozisii ezhi-inendaman… niwii-minwendaan wii-zhaaboondeyaashinaan. Ogin indaaw."

"Aanawi awesiinhyag –"

"Ahaw, indaa-zhiibendaan bi-ayaawaad niizh gemaa niswi wemakwaayaanenhyag giishpin wii-ani-nakweshkawagwaa memengwaag. Ongwana ge aapiji-miikawaadiziwag. Gaye dash giishpin bwaanawitoowaad memengwaag – gaye dash wemakwaayaanenhyag – awenen waa-nibwaachi'id? Waasa giwii-ayaa… Dash gichi-awesiinhyag – gaawiin zegi'aasiiwagwaa. Indoshkaanzhiig indayaawaag."

Gaye, goopaadizinid, gii-waabanda'igod niiwin ogaawiziganan. Mii dash ogii-idamini:

"Gego dazhiikeken ge izhichigeyan. Gigii-inaakonaan wii-maajaayan. Maajaan igwa!"

Gaawiin dash ogii-misawendanziinini wii-waabamaad mawinid. Ogii-gichi-inendaagoziwan a'aw oginiin…

Bakebii'igan 10

Ogimaans ogii-izhi-ayaa megwe gichi-jiingwaaning niswaak-niizhtana-ashi-naanan, niswaak-niizhtana-ashi-ingodwaaswi, niswaak-niizhtana-ashi-niizhwaaswi, niswaak-niizhtana-ashi-nishwaaswi, niswaak-niizhtana-ashi-zhaangaaswi, gaye niswaak-nisimdana. Mii dash ogii-maajii-nibwaachiwe bebezhig ji-nanadagikendaasod.

Nitaam gichi-jiingwaaning gichi-ogimaan ogii-abiitamini. Ogii-biizikaan miinaandeg gaye zhingos-wayanan, dash izhi-apabiwaadaminid apabiwin gichitwaa-inaagwag gaye dabasenindaagwag bekish.

"Ah! Omaa odayaa indogimaakandawaa," ogii-idamini gichi-ogimaan enigok apii waabamigod ogimaans.

Gaye ogimaans ogii-nandotaazo:

"Aaniin gaa-ezhi-nisidawaabamid giishpin wiikaa bwaa-waabamid?"

Gaawiin ogii-gikendanziin ge gakina wenipan nisidawendamowaad gichi-ogimaag. Gichi-ogimaag odinendaanaawaa eta daa-ogimaakandawaawaad gakina bemaadizijin.

"Omaa bi-izhaan anooji daa-bagakaabaminan," ogii-idamini gichi-ogimaan, ge aapiji ishpaanenidizonid gegaapii ogimaakandawaad.

Ogimaans ogii-babaa-inaabandaan daa-izhi-apabiwaadang; aanawi gabe-ayi'iing aadawaa'am-ogimaang agwazhe'aanid odagwinaan. Ingwana ogii-gwayak-niibawi, gaye, ge ayekozid, gii-naanibaayawed.

"Gimaji-izhiwebiz giishpin naanibaayaweyan ge aasamigaabawi'ad gichi-ogimaa," gichi-ogimaan ogii-izhi'igoon. "Gigina'amoon doodaman."

"Nibwaanawitoon gagwe-ogimaakandawiyan. Gaawiin nibwaa-noogishkaaz," ogii-nakwetawaan ogimaans, ge chi-agadendaagozid. "Waawaasa nigii-bimi-aya, dash bwaa-nibaayaan..."

"Ah, nahaaw," gichi-ogimaan ogii-idamini. "Gidogimaakandoon naanibaayaweyan. Baatayiinadoon gikinoonowagag gaa-ishkwaaj waabamag awiiya naanibaayawed. Apii awiiya onaanibaayawe, ge niin, maamakaadendamaan. Aambe! Miinawaa naanibaayawen! Gidogimaakandoon."

"Nizegendaan... gaawiin daa-naanibaayawesiiyaan..." o-gii-nanaapaagaanzomaan ogimaans, noongom gabe-agadendaagozid.

"Hm! Hm!" gichi-ogimaan ogii-nakwetaagoon. "Dash ge niin – gidogimaakandoon aangodinong naanibaayaweyan dash aangodinong –"

Ogii-gagiibanagaskwewan bangii, gaye ani-nishkendaminid.

Memindage dash gichi-ogimaan misawendaminid daa-manaadendaagwag odogimaawiwin. Gaawiin ogii-ganabendanziin aazhidengeshkiwin. Gichi-ogimaan ogii-maamawi-ogimaakandamaagewan. Aanawi, ogii-ogimaakandamaagewan weweni dash wenji-mino-doodaminid.

"Giishpin gii-ogimaakandawag zhimaaganish-ogimaa," ogii-waawiindamaage, "giishpin gii-ogimaakandawag zhimaaganish-ogimaa wii-aanji'idizod daa-inaagozid dibishkoo gayaashk, gaye dash giishpin zhimaaganish-ogimaa gaawiin na'itawisig, gaawiin daa-anaamenimaasiiwag. Niwii-anaamenindiz."

"Inde-namadab ina?" ogimaans ogii-gagwejimaan ge gotanizid.

"Gidogimaakandoon namadabiyan" gichi-ogimaan ogii-nakwetaagoon, gaye agwazhe'idizonid zhiingos-wayaanan.

Dash ogimaans ogii-goshkwendaan... aadawaa'am-ogimaan agaashinid. Awenen dash geget daa-ogimaakandaagod gichi-ogimaan?

"Gichi-ogimaa," ogii-gagwejimaan, "ginandotamoon ge bagidiniyan gagwejiminaan –"

"Gidogimaakandoon ji-gagwejimiyan," gichi-ogimaan wewiib ogii-nakwetaagoon ji-aangwaazomigod.

"Gichi-ogimaa – awenen ogimaakandawad?"

"Gakina," gichi-ogimaan ogii-idamini eta wenipan.

"Gakina ina?"

Gichi-ogimaan ogii-giiwitaa-wewesiinijitaagewan, mii ge inendaminid miziwegamigong memindage odaadawaa'am-ogimaaman, bakaan aadawaa'am-ogimaan, gaye anangoon ogimaakandawaanid.

"Miziwe ina?" ogimaans ogii-gagwejimaan.

"Miziwe," gichi-ogimaan ogii-nakwetaagoon.

Mii igo dash ogii-gabe-ogimaakandamaage gaye miziwegamigong dash ogimaakandaminid.

"Gaye ina anangoog gidina'taagoog?"

"Geget nina'itaagoog," gichi-ogimaan ogii-idamini.

"Nina'itaagoog baabige. Gaawiin niganabendanziin aazhidengeshkiwin."

Gichi-ogimaawiwin ogimaans ogii-maamakaadendaan. Giishpin gii-ogimaakandamaaged dibishkoo gichi-ogimaan, daa-waabandang bangishimong anooji apii niimidanaching ge giizhigag, dash niishwaasimidana-ashi-niizhoching, gemaa ingodwaakoching, gemaa niizhwaakoching, dash bwaa-mamaadinang odapabiwin. Ogii-ani-gashkendaan ge mikwenimaad odaadawaa'am-ogimaaman ge aaniwenimaad, gii-ani-zoongide'ed dash gagwejimaad gichi-ogimaan wiidookaagod:

"Indaa-misawendaan ji-waabandamaan bangishimong... Zhaawenimishin... Ogimaakandaw giizis wii-bangishimod..."

"Giishpin gii-ogimaakandawag zhimaaganish-ogimaa ji-giiwigaabawid daso waabigwaning bebezhig dibishkoo memengwaan, gemaa ozhibii'ang biigiskaadaajimowin, gemaa anji'idizod ezhi-inaagozid dibishkoo gayaashkwan, dash gaawiin na'itawisig, awenen daa-anaamendaagozid?" gichi-ogimaan ogii-nandotaagoon. "Zhimaaganish-ogimaa ina gemaa niin?"

"Giin," ogimaans ogii-idaan gwayak.

"Memwech. Mii igo eta dash indaa-bagosenindimin gashkitooyaang," gichi-ogimaan ogii-idamini. "Ogimaakandamaagewin bizindaagwad apii dash nisidawendaawag wenipan. Giishpin gii-ogimaakandawadwaa gibemaadizijig wii-bakobiiwebinidizowaad, giwii-nanaakonigoog. Wenipan nisidawendaagwad ge ogimaakandawagwaa dash wenji-doodamaan."

"Giwii-ogimaakandawaa ina giizis bangishimod?" ogimaans ogii-mikomaan: gaawiin gii-wanendang gagwedwewin giishpin gagwedwed.

"Giwii-waabandaan bangishimong. Niwii-ogimaakandaan. Aanawi, dash ge indogimaawiwin nisidawendaagwad, daa-baabii'oyang biinish mino-inakamigag."

"Aaniin apii daa-ezhiwebag?" ogimaans ogii-gagwejimaan.

"Hm! Hm!" gichi-ogimaan ogii-nakwetaagoon; gaye jibwaa idaminid gii-agindaminid gichi-giizhigadoo-mazina'igan. "Hm! Hm! Daaizhiwebad – i'iw apii – noongom onaagoshing niizhtana diba'iganensan jibwaa nishwaaso diba'iganeg. Giwii-waabandaan dash ezhina'itaagooyaan!"

Ogimaans ogii-naanibaayawe. Ogii-metisinaan bangishimong. Mii dash, gaye, azhigwa ogii-ani-zhigadendang.

"Nigiizhitaa omaa," ogii-izhi'aan gichi-ogimaan. "Mii dash niwii-maajii-babaami-ayaa miinawaa."

"Gego maajaaken," gichi-ogimaan ogii-izhi'igoon, gii-gichi-inendaminid ogimaakandaagod awiya. "Gego maajaaken. Giwii-anoozhin wii-chi-mizhinawewiyan!"

"Aaniin dinawa chi-mizhinawewiyaan?"

"Giwii – dibaakonige!"

"Aanawi gaawiin awiiya bi-ayaasiiwag wii-dibaakonagwaa"

"Gaawiin gigikendanziimin," gichi-ogimaan ogii-izhi'igoon. "Gaawiin maashi nigii-babaami-ayaasii miziwegamigong indakiimong. Aapiji nigitaadiz. Gaawiin dawaasiinoon wii-ayaawag odaabaan. Gaye indayekoz apii bimoseyaan."

"Onh, azhigwa nigii-debaabandaan!" ogimaans ogii-idaan, ge aabanaabandang aazhawekamigong. Geget ge gaawiin awiiya ogii-ayaasii miziwegamigong...

"Mii dash gidaa-dibaakonidiz," gichi-ogimaan ogii-nakwetaagoon. "Mii igo maamawizanagad wii-izhichigaadeg. Awashime zanagad wii-dibaakonidizoyan apii dibaakonadwaa. Giishpin gidaa-dibaakonidiz gwayak, geget igo nibwaakaayan aapiji."

"Enh," ogimaans ogii-idaan, "dash daa-dibaakonidizoyaan ingoji. Gaawiin ninandawendanziin wii-izhi-daayaan omaa aadawaa'am-ogimaang."

"Hm! Hm!" gichi-ogimaan ogii-idamini. "Indebwetaan gete-chi-waawaabiganoojiinh izhi-daad ingoji indodaadawaa'am-ogimaaming. Ninoondawaa apii dibikag. Gidaa-dibaakonaa gete-chi-

41

waawaabiganoojiinh. Aangodinong giwii-dibaakonaa nishi'ind. Mii dash giwii-dibaakonaa giishpin bimaadizid gemaa nibod. Aanawi giwii-gaasii'amawaa daso-izhiwebag; manegaajichigaadeg ezhi-daa-dibaakonind. Gidayaawaanaan eta."

"Ge niin," ogii-idaan ogimaans, "gaawiin nimisawendanziin wii-dibaakonag awiiya daa-nibod. Mii igo noongom dash niwii-maajaa geget."

"Gaawiin," ogii-idamini gichi-ogimaan.

Aanawi ogimaans, ge ogii-giizhiitaa ji-ozhiitaad wii-maajaad, gaawiin misawendanzig wii-migoshkaaji'aad gichi-ogimaan getezinid.

"Giishpin, gichi-ogimaa omisawendaan ji-na'itawind," ogii-idaan, "daa-ogimaakandawid nisidawendamaan wenipan. Odaa-gashkitoon, ji-ogimaakandawid daa-maajaayaan ge ingo-diba'iganens izhiseg. Indinendaan ge ojijiseg..."

Ge gichi-ogimaan ogii-bwaa-nakwetaagoon, ogimaans zhaagwenimod ajina. Mii dash, ogimaans ogii-bagidanaamo ge maajaad.

"Gigii-anoozhin wii-giigidowininiwiyan," gichi-ogimaan wewiib ogii-biibaagimigoon.

Ogii-initaagozi ge aapiji ogimaakandamaaged.

"Netaawigijig mayagiziwag aapiji," ogii-izhi'idizo ogimaans, ge babaami-ayaad geyaabi.

Bakebii'igan 11

Eko-niizhing aadawaa'am-ogimaang ogii-daawan maamiikwaazowininiwan.

"Ah! Ah! Niwii-nibwaachi'ig ishpaanenimid!" ogii-idamini waasa, apii akawe waabaamigod izhi-mookised ogimaans.

Ge ezhi-inendamini maamiikwaazowininiwan, gakina bakaan ininiwag ishpaanenimaawaad.

"Minogigizheb," ogii-idaan ogimaans. "Gibiizikaan mayagi-wiiwakwaan."

"Nimbiizikaan ji-anamikawag," ogii-nakwetaagoon maamiikwaazowininiwan. "Indombinaan ji-anamikawagwaa apii maamiikwaanigooyaan. Bagwana dash, gaawiin wiikaa awiiya nigabikaagosiig."

"Getenaam ina?" ogii-idaan ogimaans, gaawiin gii-nisidotawaasiig maamiikwaazowininiwan.

"Bapasininjii'odizon," maamiikwaazowininiwan ogii-ogimaakandaagoon.

Ogimaans ogii-bapasininjii'odizo. Maamiikwaazowininiwan ogii-ombinamini owiiwakwaan ji-anamikaagod.

"Anooji minawaanigwad apii gii-nibwaachi'ag gichi-ogimaa," ogimaans ogii-izhi'idizo. Gaye ogii-maajii-bapasininjii'odizo. Maamiikwaazowininiwan miinawaa ogii-ombinamini owiiwakwaan ji-anamikaagod.

Ishkwaa naano-diba'iganensan izhisewan ogimaans gii-maajii-zhigadendang.

"Aaniin daa-ezhichiged ji-niisibidooyan wiiwakwaan?" ogii-gagwejimaan.

Aanawi maamiikwaazowininiwan gaawiin ogii-noondaagosiin. Wemaamiikwaazojig onoondaanaawaa eta igo apii ishpaanenimindwaa.

"Gigichi-ishpaanenim ina?" ogii-gagwejimigoon ogimaans.

"Aaniin edaman – 'ishpaanenimaa'?"

"Giishpin ishpaanenimiyan giwii-inenim ge maamawimiikawaadiziyaan, maamawijiikikkwanayeyaan, maamawidaniyaan, gaye dash maamogichigikendaasoyaan omaa aadawaa'am-ogimaang."

"Aanawi bezhigo eta inini gidayaa omaa gidaadawaa'am-ogimaaming!"

"Gizhewaa-doodawishin. Ishpaanenimishin misawaa."

"Gidishpaanenimin," ogii-idaan ogimaans, ge ombidinimaaganed bangii, "Aaniin wenji-gichi-apiitendaman?"

Gaye ogimaans ogii-animose.

"Netaawigijig mayagiziwag," ogii-izhi'idizo, ge babaami-ayaad geyaabi.

Bakebii'igan 12

Dash ogii-nibwaachiwe aadawaa'am-ogimaang izhi-daanid netaaminikweshkinid. Ajina ogii-nibwaachiwe eta, aanawi aapiji gii-aanawendang ogimaans.

"Aaniin ezhichigeyan?" ogii-wiindamawaan netaaminikweshkinid, ge mikawaad bizaanabinid izhi giiwitaa-atemigag omoodayaabikoon zhiigonigaadeg gaye zhaagashkinebiimagag.

"Niminikweshk," ogii-nakomigoon, ge maanendaminid.

"Aaniin wenji-minikweshkiyan?" ogii-ogimaakandawaan ogimaans.

"Mii dash nidaa wanendam," ogii-nakomigoon netaaminikweshkinid.

"Awegonen waa-wanendaman?" ogii-nandotawaan ogimaans, ge zhawenimaad zhigwa.

"Niwii-wanendaan menisinindizoyaan," netaaminikweshkinid ogii-wiindamaagoon, ge naanzhidibetaanid.

"Aaniin wenji-menisinindizoyan?" ogii-gagwejimaan ogimaans, misawendang wii-wiidookawaad.

"Niminikweshk igwa wenji-menisinindizoyaan!" Netaaminikweshkinid oboonimigoon, dash bizaanabinid.

Dash ogimaans maajaa, giiwashkweyendang.

"Netaawigijig geget igwa mamaandaawichigewag aapiji," ogii-wiindamaazo, ge babaami-ayaad geyaabi.

Bakebii'igan 13

Eko-niiwing aadawaa'am-ogimaa ogii-dibenimigoon wedaawewininiwan. Iniw ininiwan ogii-ondamanokiiwan onzaam dash gaawiin anamikaagosig apii dagoshing ogimaans.

"Mino-gigizheb," ogimaans ogii-izhi'aan. "Gidopwaagaansim ogii-aate'igaazo."

"Niswi-ashi-niizh dibishkoowendaagwadoon naanan. Naanan-ashi-niizhwaaswi dibishkoowendaagwadoon midaaswi-ashi-niizh. Midaaswi-ashi-niizh ashi niswi dibishkoowendaagwadoon midaaswi-ashi-naanan. Mino-gigizheb. Midaaswi-ashi-naanan ashi niizhwaaswi dibishkoowendaagwadoon niizhtana-ashi-niizh. Niizhtana-ashi-niizh

46

ashi ingodwaaswi dibishkoowendaagwadoon niizhtana-ashi-nishwaaswi. Onzaam indojaanimiz wii-zakizag miinawaa. Niizhtana-ashi-ingodwaaswi ashi naanan dibishkoowendaagwadoon nisimidana-ashi-bezhig. Howaa! Dash mii igo minik dibishkoowendaagwadoon naanwaako-midaaswaak-daso-midaaswaak-ashi-ingo-midaaswaak-daso-midaaswaak ashi ingodwaaswaako-midaaswaak-ashi-niizhtana-ashi-niizho-midaaswaak ashi niizhiwaaswaak-ashi-nisimidana-ashi-bezhig."

"Naanwaako-midaaswaak-daso-midaaswaak ina dash agindaasobii'igaadewan gegoon?" ogii-gagwejimaan ogimaans.

"Eh? Geyaabi ina gidayaa imaa? Naanwaako-midaaswaak-daso-midaaswaak-ashi-ingo-midaaswaak-daso-midaaswaak – Gaawiin nigashki-ishkwaataasii... Baatayiinadoon booch igo indoodaanan! Indonzaamendaanan gichi-inendaagwag. Gaawiin niminwendanziin gagiibaadiziwin. Niizh ashi naanan dibishkoowendaagwadoon niizhwaaswi..."

"Naanwaako-midaaswaak-daso-midaaswaak ina dash agindaasobii'igaadewan gegoon?" ogimaans ogii-idaan miinawaa, dash gaawiin wiikaa wanendanzig gagwedwewin apii gagwedwed.

Wedaawewininiwan ogii-jaangaakwebani'owan.

"Epiichi naanimidana-ashi-niiwaaki izhise dash ge izhi-daayaan omaa, mii igo eta bimenjigaazoyaan nisoching. Akawe, niizhtana-ashi-niizh gaa-biboonigad, apii nika goshkwesed bangishing anishaa. Ogii-noondaagozi onzaam dash izhi-initaagwag miziwegamigong, gaye bichi-doodamaan niiwoching apii agindamaan. Eko-niizhing, midaaswi-ashi-bezhig gaa-biboonigad, gii-bimenjigaazoyaan apii nigii-okanaapineyaan. Gaawiin dash gwech nigagwejiisii. Onzaam indojaanimiz wii-gitimiyaan. Eko-nising – mii ge izhise noongom! Nigii-idaan, i'iw apii, naanwaak-daso-midaaswaak-daso-midaaswaak-ashi-ingo-midaaswaak-daso-midaaswaak –"

"Midaaswaak-daso-midaaswaak ina aginaasobii'igaadewan sa igo?"

Wedaawewininiwan ogii-nisidawendamini gaawiin wii-booniikawaasig biinish nakwetaagod.

"Midaaswaak-daso-midaaswaak gegoon," ogii-idamini, "mii aangodinong daa-waabanjigaazowaad giizhigong.

"Oojiig ina?"

"Onh, gaawiin. Agaashiwag wayaaseyaasigejig."

"Aamoog ina?"

"Onh, gaawiin. Agaashiwag gaye ozaawaanzowag dash getimijin ganawaabamigod. Ge niin, aapiji indonzaamendaanan gichi-inendaagwag. Gaawiin wiikaa nibaajiikanziin babaami-inendamaan."

"Ah! Gidazhimaag ina anangoog?"

"Enh, geget. Anangoog."

"Awegonen dash waa-doodawadwaa naanwaako-midaaswaak-daso-midaaswaak anangoog?"

"Naanwaako-midaaswaak-daso-midaaswaak-ashi-ingo-midaaswaak-daso-midaaswaak ashi ingodwaaswaako-midaaswaak-ashi-niizhtana-ashi-niizho-midaaswaak ashi niizhwaaswaak-ashi-nisimidana-ashi-bezhig." Indonzaamendaanan gichi-inendaagwag: nigwawiingez.

"Awegonen dash doodawadwaa ongow anangoog?"

"Awegonen doodawagwaa?"

"Enh."

"Gaawiin gegoo. Indibenimaag."

"Gidibenimaag ina anangoog?"

"Enh."

"Aanawi dash azhigwa nigii-waabamaa gichi-ogimaa ge –"

"Gichi-ogimaag gaawiin odibenimaasiiwaan, ogimaakandawaawaad. Bakaanad."

"Aaniin ezhi-mino-doodaazoyan ge dibenimadwaa anangoog?"

"Nidan dash wenji-mino-doodaazoyaan."

"Aaniin ezhi-mino-doodaazoyan wii-daniyan?"

"Nigashki-adaawezhaag anooji anangoog giishpin daniyaan, giishpin anooji daa-mikaazowaad."

"Wa'aw inini," ogimaans ogii-izhi'idizo, "dibishkoo netaaminikweshkinid ezhi-inendang…"

Misawaa, geyaabi ogii-gagwejimaa anooji.

"Aaniin ezhi-dibenimadwaa anangoog?"

"Awenen dibenimaad dash?" ogii-nakwetaagoon wedaawewininiwan, ezhi-migoshkaaji-ayaanid.

"Gaawiin nigikendanziin. Gaawiin awiiya odibenimaasiiwaan."

"Nigii-inendaan nitaam dash wenji-dibenimagwaa."

"Nandawendaagwad ina eta dash?"

"Geget. Apii gimikawaa asin waasaabikizid ge gaawiin awiiya dibenimaasig, dibenimad. Apii gimikaan minis ge gaawiin awiiya dibendanzig, dibendaman. Apii dash gidinendaan gegoo jibwaa awiiya inendang, daa-gikenindaagwad ge dibendaman. Ge niin: Gaawiin awiiya jibwaa niin ogii-inandanziinaawaa dibenimaawaad anangoon, dash wenji-dibenimagwaa.

"Enh, debwemagad," ogimaans ogii-idaan. "Aaniin ezhi-aabaji'ad?"

"Nidiboomaag," ogii-nakwetaagoon wedaawewininiwan. "Indagimaag dash aayaanji agimagwaa. Zanagad. Aanawi dash aapiji indonzaamendaanan gichi-inendaagwag."

Ogimaans gaawiin ogii-debagenimosii geyaabi.

"Giishpin gii-dibenimag zenibaa-giizhoopizon," ogii-idaan, "indaa-naabikawaa gaye bimiwizhag. Giishpin dibenimag ogin, indaa-bakwajibizhaa gaye bimiwizhag. Aanawi gaawiin gidaa-gashki-bakwajibizhaag anangoog giizhigong…"

"Gaawiin. Aanawi indaa-gashki-ashi'aag zhooniyaawigamigong."

"Aaniin edaman?"

"Indidaan ge ozhibii'amaan minik gaa-agimagwaa anangoog mazina'iganensing. Dash nizagakinaan mazina'iganens ataasowin-wiikobijiganing dash gashkaabika'amaan."

"Mii i'iw ina?"

"De-minik indaa-izhichige," wedaawewininiwan ogii-idamini.

"Wawiiyadendaagwad," ogii-inendaan ogimaans. "Minotaagwad igo. Aanawi gaawiin gichi-inendaagwasiinoon."

Gichi-inendaagwadoon, ogimaans gii-bakaan-inendang ge ezhi-netaawigijin inendaminid.

"Nizaagi'aa ogin," ogii-wiindamawaan wedaawewininiwan, "ge zaswebiiga'andawag endaso-giizhig. Indayaanan niswi ishkodewadinaagin, gii-biinitooyaan endaso-anamiseg (gaye biinitooyaan ishkodewadinaag angomagag; giishpin aanjiseg). Inendaagwad gaye onizhishin ge biinitooyaan ishkodewadinaagin, gaye zaswebiiga'andawag ogin. Aanawi gaawiin ginandawenimigosiig anangoog…"

Wedaawewininiwan ogii-daawaniwan, idash bwaa-idaminid wii-nakwetaagod. Gaye ogimaans ogii-majaa.

"Netaawigijig mayagiziwag," ogii-izhi'idizo, ge babaami-ayaad geyaabi.

Bakebii'igan 14

Naano-aadawaa'am-ogimaang gii-izhi-mayagi-izhiwebad igo. Gii-maamawi-agaashiinyi. Debashkine miikana-waasakonenjigan gaye wayaasakonenjigenid eta. Ogimaans gaawiin ogii-nisidawendanziin wenji-nandawendaagwag miikana-waasakonenjigan gaye wayaasakonenjigenid, ingoji ishpiming, aadawaa'am-ogimaang bwaa-izhi-daanid awiiyan, gaye gaawiin atesinog waakaa'igan. Aanawi ogii-izhi'idizo: "Wa'aw inini odaa-gagiibaadizidog. Aanawi gaawiin ogagiibaadizisii apiichi gichi-ogimaan, maamiikwaazowininiwan, wedaawewininiwan, gemaa netaaminikweshkinid. Mii ge odoodaan geyaabi inendaagwag. Apii owaasakonebidoon omiikana-waasakonenjigan, dibishkoo bimaaji'aad anangoon, gemaa bezhig oginiin. Apii odaate'aan owaasakonenjigan,

Gagwaanisagad ge anokaadamaan.

nibe'aad oginiin, gemaa anangoon. Miikawaadad ge doodang. Gaye ako-miikawaadad, minwaabadag."

Apii ogii-dagoshin aadawaa'am-ogimaang weweni-anamikawaad wayaasakonenjigenid.

"Mino-gigizheb. Aaniin dash gaa-aate'aman giwaasakonenjigan?"

"Nigii-ogimaakandaagoo" wayaasakonenjigenid ogii-nakomigoon. "Mino-gigizheb."

"Awegonen gaa-ogimaakandaagooyan?"

"Nigii-ogimaakandaag daa-aate'amaan niwaasakonenjigan. Mino-onaagoshin."

Dash miinawaa ogii-waasakonebidoomini owaasakonenjigan.

"Aaniin dash miinawaa gii-waasakonebidooyan?"

"Nigii-gwayak-ogimaakandaagoo," wayaasakonenjigenid ogii-nakomigoon.

"Gaawiin ninisidawendanziin," ogii-idaan ogimaans.

"Gaawiin gidaa-gagwenisidawendanziin," ogii-idamini wayaasakonenjigenid. "Nigii-ogimaakandaagoo mii sa gaa-ogimaakandaagooyaan. Mino-gigizheb."

Gaye ogii-aate'aan owaasakonenjigan.

Dash ogii-giziingwewan ge aabajitoonid moshwens ge izhi-atemigag miskwaa-gakakoon.

"Gagwaanisagad ge anokaadamaan. Gayat dash gii-inendaagwad aganaa ge anokaadamaan. Gigizheb nigii-aate'aan niwaasakonenjigan, gaye onaagoshig gii-waasakonebidooyaan miinawaa. Ishkwaa gizheb nigii-daa-anweb gaye dibikag daa-nibaayaan."

"Dash gii-aanijse ina ezhi-ogimaakandaagooyan?"

"Gaawiin gii-aanjisesinoon ogimaakandaagooyaan," ogii-idamini wayaasakonenjigenid. "Gashkendaagwad igo! Endaso-biboonagad wa'aw aadawaa'am-ogimaa anooji wewiib gizhibaabised gaye gaawiin gii-aanjisesinog ogimaakandaagooyaan!"

"Dash ina?" ogii-gagwejimaan ogimaans.

"Dash – aadawaa'am-ogimaa gabe-gizhibaabise daso-diba'iganens, dash noongom bwaa-anwebiyaan. Ingoding endaso-diba'iganens indaa-waasakonebidoon niwaasakonenjigan gaye aate'amaan!"

"Wawiiyadendaagwad sa! Ingogonagad eta bezhig diba'iganens izhiseg, omaa izhi-daayan!"

"Gaawiin wawiiyadendaagwasinoon!" ikidod wayaazakonenjiged. "Megwaa gigii-ganoonidimin, bezhig giizis azhigwa gaa-izhiseg."

"Bezhig giizis ina?"

"Enh, bezhig giizis. Nisimidana daso diba'iganensan. Nisimidanagonagad. Mino-onaagoshin."

Dash miinawaa ogii-waasakonebidoon owaasakonenjigan.

Ogimaans ogii-naagadawaabamaan, mii dash zaagitood wa'aw wayaasakonenjigenid debweyendaminid anokaadaminid. Ogii-mikwendaan bangishimong andone'ang, ge odaabiibinang odapabiwin; mii dash gii-misawendang ji-wiidookawaad owiijiiwaaganim.

"Gidaa-gikendaan," ogii-izhi'aad, "daa-wiindamoonaan ezhi-anwebiyan booshke giin inaakonaman..."

"Apane nimisawendan ji-anwebiyaan," ogii-idamini wayaasakonenjigenid.

Inini odaa-gashki-debweyendam gaye gitimi bekish.

Ogimaans ogii-waawiindamawaan:

"Gidaadawaa'am-ogimaam apiichi agaashiinyi igo ge nisoching dakokiiyan daa-giiwitaashkwad. Giishpin apane daa-ayaayan zaagaateng, gidaa-bedose eta. Apii gimisawendaan anwebiyan, wii-bimoseyan – dash giizhigag daa-izhiseg apii misawendaman."

"Gaawiin indaa-naadamaagozisii," ogii-idaan wayaasakonenjigenid. "Nimaamawizaagitoon ji-nibaayaan."

"Dash gaawiin gidonwaazisii," ogii-idaan ogimaans.

"Gaawiin indonwaazisii," ogii-idamini wayaasakonenjigenid. "Mino-gigizheb."

Dash ogii-aate'aan owaasakonenjigan.

"A'aw inini," ogimaans ogii-izhi'idizo, ge babaami-ayaad geyaabi, "a'aw inini daa-baapi'ind ge maji-izhiwebizinid: gichi-ogimaan, maamiikwaazowininiwan, netaaminikweshkinid, gaye wedaawewininiwan. Misawaa wayaasakonenjiged gaawiin nimaaminonenimaasii gagiibaadizid. Ganabaj ge odinendaan gegoo bakaan gaawiin inenindizosiid eta wenji-inenimag."

Ogii-bagidanaamo ge minjinawezid gaye izhi'idizod, miinawaa:

"A'aw inini eta dash nigii-daa-wiijikiwenyimaa. Aanawi onzaam agaashiinyiwan igo odaadawaa'am-ogimaaman. Gaawiin ako-dawaasinoon ge niizh bemaadizijig daa-izhi-daawaa..."

Ogimaans gaawiin ogii-gagwe-wiindanziin wenji-maamawiminwenimaad aadawaa'am-ogimaan dash daso giizhig giizisan bangishimonid ingoding-midaaswaak-niiwaak-ashi-niimidanaching!

54

Bakebii'igan 15

Ingodwaaso aadawaa'am-ogimaan midaasoching ezhi-iniginid anooji apii gaa-izhi-maajaad. Mii gaa-izhi-daawan gete-mamaandaagowininiwan ge nitaa-ozhibii'aminid gichimazina'iganan.

"Onh, nishke! Omaa izhi-ayaa babaamaadizid igwa!" ogii-zoongi'inidizowan apii waabamigod ogimaans beshozikawaad.

Ogimaans ogii-abi adoopowining ge nesezod bangii. Azhigwa waasa ogii-babaamaadizi aapiji igwa!

"Aaniindi wenjibaayan?" gete-mamaandaagowininiwan odinigoon.

"Awegonen aawang gichimazina'igan?" ogii-idaan ogimaans. "Aaniin ezhichigeyan?"

"Ninandagikendaan akiiwi-gikinoo'amaagewin," gete-mamaandaagowininiyan odinigoon.

"Aaniin ezhi-nandagikendaman akiiwi-gikinoo'amaagewin?" ogii-gagwejimaan ogimaans.

"Ninandagikedaan gakina ge atemigag nibing, ziibiing, oodenang, wajiwong, gaye bagwadakamigong."

"Gichi-inendaagwad," ogii-inaan ogimaans. "Ishkwaaj omaa izhi-ayaa inini ge anokiid gikaadendaagwag igwa!" Mii dash gaa-miziwedebaabandang odaadawaa'am-ogimaaman izhi-daanid. Ogii-maamawimaamakaadendaagoziwan odaadawaa'am-ogimaaman ge waabamaad.

"Gidaadawaa'am-ogimaam aapiji maamiikwaadizi," ogii-idaan. "Gichigamiin ina atemigadoon?"

"Gaawiin gidaa-wiindamoosiinoon," ogii-idaamini akiiwi-gekinoo'amaagenid.

"Aah!" Ogimaans ogii-minjinawezi. "Wajiwan ina atemigadoon?"

"Gaawiin gidaa-wiindamoosiinoon," ogii-idaamini akiiwi-gekinoo'amaagenid.

"Gaye ina dash oodenan, miinawaa ziibiin, miinawaa bagwadakamigoon?"

"Gaye dash gibwaa-wiindamoon."

"Aanawi nandagikendaman igwa akiiwi-gikinoo'amaagewin!"

"Wawiinge," ogii-idaamini akiiwi-gekinoo'amaagenid. "Aanawi gaawiin nimbabaamaadizisii. Gaawiin igwa dash awiiya babaamaadizisiiwaad ge izhi-daawaad omaa akiing. Akiiwi-gekinoo'amaaged gaawiin babaa-ayaasiid wii-agindang endaso-oodena, ziibii, wajiw, nibi, gichigami, gaye bagwadakamig. Akiiwi-gekinoo'amaaged onzaam gichi-inendaagozid gaawiin wii-babaanaangide'esiid. Gaawiin wiikaa dash maajaasii izhi-anokiid. Aanawi nibwaachi'igod bebaamaadizinid ge nandagikendang. Ogagwejimaan anooj gegoo, dash ozhibii'ang gakina mikwendaminid ge babaamaadizinid. Gaye giishpin gichi-inendaagwag gaa-mikwendaminid, akiiwi-gekinioo'amaaged onandagikendaan ezhi-inaadizinid bebaamaadizinid."

"Aaniin dash?"

"Mii dash giishpin giiwanimonid bebaamaadizinid odaa-bichi-doodaan akiiwi-gekinoo'amaaged wenji-izhiwebag. Gaye dash bebaamaadizinid ge onzaam nitaaminikweshkinid."

"Aaniin danaa?" ogii-gagwejimaan ogimaans.

"Gaawashkwebiijig giiwashkwebiiwag wenji-niizhwaabishkiwaad. Dash akiiwi-gekinoo'amaaged daa-mazinibii'ang eta niizh wajiwan ge izhi-atemigag bezhig eta."

"Nigikenimaa awiiya," ogii-idaan ogimaans, "ge bwaa-babaamaadizid."

"Mii ingwana. Dash, apii maaminonendaagozinid bebaamaadizinid mino-doodaminid, nandawaabanjigaadeg gaa-mikaminid."

"Awiiya ina onandawaabandaan?"

"Gaawiin. Onzaam zanagad. Aanawi dash geget ge bebaamaadizinid daa-goji'ewinodaminid. Mii dash, giishpin nandawaabanjigaadeg gichiwajiw, gichi-asiniin daa-daapinigaazonid dash biijigaazonid omaa."

Dash akiiwi-gekinoo'amaagenid gii-baapinakamigizinid aapiji.

"Ge giin – waasa gidonjibaa igwa! Gibabaamaadiz igwa! Dibaajimotawishin gaa-onjibaayan!"

Gaye, ishkwaa gii-nasaakonaminid gichimazina'igan, akiiwi-gekinoo'amaagenid zisiboodoomini odozhibii'iganatig. Gakina ikidowag bebaamaadizijig ozhibii'igaadeg akawe aabajichigaadeg ozhibii'iganatig. Dash obaabii biinish goji'ewinodaminid, jibwaa maadaabii'iged.

"Miinawaa ina?" ogii-idaamini akiiwi-gekinoo'amaagenid.

"Onh, izhi-daayaan," ogii-idaan ogimaans, "gaawiin aapiji inendaagwasinog. Gakina agaasaawan. Indibendaanan niswi ishkodewadinan. Niizh ishkodewadinan geyaabi baashkidewan gaye bezhig angomagag. Aanawi bwaa-bagakendaagwad."

"Bwaa-bagakendaagwad," ogii-idaamini akiiwi-gekinoo'amaagenid.

"Gaye indayaawaa oginiin."

"Gaawiin indizhibii'amawaasiinaanig oginiig," ogii-idaamini akiiwi-gekinoo'amaagenid.

"Aaniin dash? Maamawimiikawaadizi igwa izhi-daayaan indaadawaa'am-ogimaaming!"

"Gaakamiziwag," ogii-iaamini akiiwi-gekinoo'amaagenid, "wenji-bwaa-izhibii'amawangidwaa."

"Aaniin edaman – 'gaakamizi'?"

"Akiiwi-gikinoo'amaagewinan," ogii-idaamini akiiwi-gekinoo'amaagenid, "izhi-ozhibii'igaadeg anooji gichi-inendaagwag memindage. Gaawiin wiikaa ani-gete-izhitwaasinoon. Wiikaa dash ge wajiwan wii-aanjisewan. Wiikaa igwa geget ge gichigami wii-jaagijiwang. Indizhibii'aanaawaan gaagige-aawang."

"Aanawi ishkodewadinan angomagadoon daa-baashkideg mii iidog miinawaa," ogii-idaan ogimaans. "Aaniin edaman – 'gaakamizi'?"

"Giishpin ishkodewadinan angomagadoon gemaa baashkideg, naasaab ezhi-nisidawendamaang," ogii-idaamini akiiwi-gekinoo'amaagenid. "Ge niinawi wajiwan ge aawanoon dash maamawi-inendaagwag. Gaawiin aanjisesinoon."

"Aanawi aaniin edaman – 'gaakamizi'?" ogii-idaan miinawaa ogimaans, dash gaawiin wiikaa boonitoosiid gagwedwewin giishpin gagwejimaad.

"Idaan, 'weyiib owii-booninaagozi.'"

"Indoginim ina wii-booninaagozi?"

"Geget igwa."

"Indoginim owii-gaakamizi," ogimaans idamidizod, "gaye dash niiwin zhimaaganensan eta ayang wii-nanaakwiid. Mii dash gii-nagazhag izhi-daayaan, nazhikewizid igwa!"

Mii i'iw apii ogii-maajii-minjinawezi. Aanawi dash gii-ani-zoongide'ed miinawaa.

"Aaniindi dash daa-izhi-nibwaachiweyaan ge enendaman?" ogii-gagwejimaan.

"Aadawaa'am-ogimaa izhinikaazo Akii," ogii-nakwetaagoon akiiwi-gekinoo'amaagenid. "Mino-gikenindaagozi."

Mii dash ogimaans maajaa, megwaa inenimaad odoginiman.

Bakebii'igan 16

Mii dash niizhwaaso aadawaa'am-ogimaa ogii-aawiwan Akiin.

Akiin gaawiin aawisiiwan dibishkoo gakina aadawaa'am-ogimaag! Gidaa-agimaag ingodwaak-midaaswi-ashi-bezhig daso chi-wegimaawijig (gaye dash izhi-ayaawaad *Africa*-ing), niizhwaaso-midaaswaak akiiwi-gekinoo'amaagejig, zhaangwaaswaakoching-daso-midaaswaak wedaawewininijig, niizhwaasoching-midaaswaak-daso-midaaswaak ashi naanwaakoching-daso-midaaswaak netaaminikweshkijig, niswaak-midaaswi-ashi-ingoching-midaaswaak-daso-midaaswaak maamiikwaazowininiwag – isa ingoji niizhing-midaaswaak-daso-midaaswaak-daso-midaaswaak netaawigijig.

Giishpin waa-gikendaman ezhi-apiitizinid Akiin, gidaa-widamoon dash jibwaa gaa-nandawendaagwag ji-aabajichigaadeg waasamowin, izhi-ayaawaad ingodwaaswi gitagamigoon, niiwaak-ashi-ingodwaasmidana-ashi-niizhing-daso-midaaswaak ashi naanwak-midaaswi-ashi-bezhig daso wayaasakonenjigejig zaka'amowaad waasakonenjiganan.

Giishpin gii-debaabanjigaadeg, daa-minwaabaminaagwad. Ezhi-maajisewag wayaasakonenjigejig daa-inaakonamowaad dibishkoo chitwaa-naamijig. Akawe *New Zealand*-ing gaye *Australia*-ing odaa-waasakonebidoonaawaan waasakonenjiganan. Ishkwaa ogii-waasakonebidoonaawaan daa-nibaawaad. Apii wayaasakonenjigejig *China*-ing gaye *Siberia*-ing wawiingechigewag dash daa-azhegiiwewaad. I'iw apii wayaasakonenjigedwag izhi-*Russia*-ing gaye *Indies*-ing daazaka'aanaawaan, dash ingiwedi *Africa*-ing gaye *Europe*-ing, dash ingiwedi *South America*-ing; dash ingiwedi *North America*-ing. Gaye daa-bwaa-wanichigewag ezhi-wawiingechigewaad. Daa-maamakaadendaagwad.

Mii igo eta dash wayaasakonenjiged izhi-ayaad Maamawigiiwedinong, gaye wayaazakonenjiged izhi-ayaad Maamawizhaawanong – ge wiinawaa dash eta daa-ojaanimiziwaad niizhing izhiseg ge biboonagag.

Bakebii'igan 17

Apii awiiya ogagwe-wayezhimaan, aangodinong bwaa-debwed. Gaawiin nigii-debwesii apii dash dazhimagwaa wayaazakonenjigejig. Gaye ninisidawendaan daa-wayezhimagwaa iidog bwaa-gikenimaawaad gidaadawaa'am-ogimaaminaanan. Ininiwag igo eta dash izhi-daawag agaasaag dawaag omaa Akiing. Giishpin niizhing-midaaswaak-midaaswaak-daso-midaaswaak daso bemaadizijig ge izhi-daawaad agidakamigong daa-niibawiwaad gaye okwiinowaad, ge izhichigewaad apii maawanji'idiwaad, wenipan dash daa-izhi-debashkinewag gakakong diba'igaadeg niizhtana daso diba'ibaanan ginwaag ge niizhtana daso diba'ibaanan mangadeyaag. Gakina bemaadizijig daa-izhi-okoshimaawag agaasaag minis *Pacific*-ing.

Netaawigijig, geget, gaawiin giwii-debwetaagosiig apii gagwe-wiindamawadwaa. Odinendaanaawaa ge miziwegamigong izhi-ayaawaad. Odinendaanaawaa ge gichi-inendaagoziwaad dibishkoo *baobab*-an. Gidaa-wiindamawaag, dash, daa-agindaasowaad miinawaa. Ozaagitoonaawaa agindaasowinan, daa-minwendaagoziwaad. Aanawi gego nibaajiikangen ge giin. Gaawiin nandawendaagwasinoon. Nigikendaan ge debwetawiyan.

Apii ogimaans ogii-bangishin Akiing, gii-maamakaadendaagozid aapiji gaawiin waabamaasig bemaadizijin. Ogii-ani-zegiz dagoshing

"Giwawiiyadendaagoz," ogii-idaan. "Dibishkoo ninjiins dash ako gimangijiiz…"

napaaj aadawaa'am-ogimaang, apii waabandang gegoo waawaaseseg dibishkoo giizhigaateg ezhi-inaandeg.

"Mino-onaagoshin," ogii-manaazondang ogimaans.

"Mino-onaagoshin," ogii-idamini ginebigoon.

"Aaniish aadawaa'am-ogimaamang gaa-izhi-bangishinaan?" ogii-gagwejimaan ogimaans.

"Akiing omaa izhinikaazo; *Africa*-ing izhi-ayaayan," ogii-nakwetaagoon ginebigoon.

"Ah!" Dash ina gaawiin bemaadizijig ayaasiiwag omaa Akiing?"

"Gidayaamin bagwadakamigong. Gaawiin bemaadizijig izhi-ayaasiiwag bagwadakamigong. Akiing mindido," ogii-idamini ginebigoon.

Ogimaans ogii-namadabi asiniing, gaye ishpaabandang giizhigong.

"Nimaamidonenimaag," ogii-idaan, "giishpin anangoog waaseyaasigewaad ishpiming mii dash gomaapii endaso-bebezhig daa-mikawang miinawaa ge zaagi'ang... Ganawaabam indaadawaa'am-ogimaam. Odayaa gwayak imaa ishpiming. Aanawi waawaasa ayaa igo!"

"Omiikawaadizi," ginebigoon ogii-idamini. "Aaniin wenji-ayaayan omaa?"

"Ogin indaanimi'ig," ogii-idaan ogimaans.

"Ah!" ogii-idamini ginebigoon.

Dash gii-bizaan-ayaawag.

"Aaniindi ayaawaad ininiwag?" ogimaans gegaapii ogii-gagwejimaan. "Niboodewinaagwad bagwadakamigong..."

"Miinawaa niboodewendamaan dash ayaayaan megwe ininiwag," ginebigoon ogii-idamini.

Ogimaans ogii-ganawaabamaan ginwenzh.

"Giwawiiyadendaagoz," ogii-idaan. "Dibishkoo ninjiins dash ako gimangijiiz..."

"Aanawi anooji nimashkawiz apii gichi-ogimaa oninjiinsim," ogii-idamini ginebigoon.

Ogimaans ogii-zhoomiingweni.

"Gaawiin onzaam gimashkawizisii. Gaawiin gidozidaasii. Gaawiin gidaa-babaami-ayaasii..."

"Gidaa-bimiwizhin waasa anooji apii naabikwaan," ogii-idamini ginebigoon.

Ogii-giiwitaabizhigoon obikwaakoganaaning ogimaans, dibishkoo ozaawaabiko-ditibinibibiskiibishkan.

"Apii indanginaa awiiya, anaamikamigong dash wii-miikised," miinawaa ogii-idamini ginebigoon. "Aanawi gibiiniz gaye gigwayak-inaadiz, gaye anangong onjibaayan..."

Ogimaans gaawiin ogii-nakwetawaasiin.

"Gidinishkaw wii-gidimaagendamaan – gigichi-niinamiz omaa biiwaabiko-Akiing ezhi-gizhenindaagozid." ginebigoon ogii-idamini. "Gidaa-wiidookoon, ingoding, giishpin onzaam medasinad gidaadawaa'am-ogimaam. Nigashki –"

"Onh! Geget ginisidawenimin," ogii-idaan ogimaans. "Aaniin wenji-wanimadwaa?

"Ninisidawendaan wiindamoonan," ogii-idamini ginebigoon.

Dash gii-bizaan-ayaawag.

Bakebii'igan 18

Ogimaans ogii-aazhawangaa'ose dash nakweshkawaad bezhigo waabigwaniin. Waabigwaniin ogii-ayaamini niswi endaaso aniibiishan, waabigwaniin gaawiin aapiji gichi-ayaasiinid.

"Minogigizheb," ogii-idaan ogimaans.

"Minogigizheb," ogii-idaamini waabigwaniin.

"Aaniindi ayaawaad ininiwag?" ogimaans ogii-gagwejimaan, weweni.

Waabigwaniin aabiding gaa-waabamaanid naabide'osejin izhisenid.

"Ininiwag ina?" ogii-naabinootaagewan. "Indinendaan ingodwaaswi gemaa niizhwaaswi geyaabi bimaadiziwaad. Nigii-waabamaag, niibina biboonagag zhaazhigo. Aanawi bwaa-gikendaagwad daa-izhi-mikaaganiwiwaad. Maajiiwebaashiwag. Gaawiin danizisiiwag, dash daatagaaji-inaadiziwaad."

"Baanimaa apii," ogii-idaan ogimaans.

"Baanimaa apii," ogii-idaamini waabigwaniin.

Bakebii'igan 19

Ishkwaa, ogimaans gii-ishpaandawed gichiwajiwing. Wajiwan ogikendaanan eta dash niswi ishkodewaadinaagin ge ako apiitaag nigidigong. Gaye gii-aabajitood ishkodewaadinaag jaaginigaadeg wii-agwiijizideshimoonod. "Wajiwing ge ezhi-apiitaa o'ow," ogii-izhi'idizo, "daa-debaabandamaan miziwewigamigong, gaye gakina bemaadizijig..." Aanawi gaawiin ogii-waabandanziin, eta dash baabiikodinaag giinaag dibishkoo zhaaboniganan.

"Minogigizheb," ogii-idaan weweni.

"Minogigizheb – Minogigizheb – Minogigizheb," ogii-noondaan baswewewin.

"Awenen aawiyan?" ogii-idaan ogimaans.

"Mayagi-inakamigad omaa akiing!" ogii-inendaan. "Baangwaa, gaye gaawaa,
gaye zhiiwitaaganaagamin."

"Awenen aawiyan – Awenen aawiyan – Awenen aawiyan?" ogii-noondaan baswewewin.

"Wiijikiwenyimishig. Ninazhikewiz," ogii-idaan.

"Ninazhikewiz – ninazhikewiz – ninazhikewiz," ogii-noondaan baswewewin.

"Mayagi-inakamigad omaa akiing!" ogii-inendaan. "Baangwaa, gaye gaawaa, gaye zanagad bwaa-izhi-daa awiiya. Miinawaa bemaadizijig bwaa-moonendamog. Eta dash naabinootaagowaad gaa-wiindamaagowaad... izhi-daayaan gii-ayaawag ogin; apane gagiidod nitam..."

Bakebii'igan 20

Mii dash gii-izhiwebad ishkwaa bimosed bingwing, asining, gaye bimaagonagiid, ogimaans gega-apii gii-mikang miikana. Gaye dash gakina miikanan izhimonoon izhi-daawaad ininiwag.

"Minogigizheb," ogii-idaan.

Ogii-naaniibawi gitigaaning, gii-oginikaag.

"Minogigizheb," ogii-idamini oginiin.

66

Ogimaans ogii-ganawaabamaan. Dibishkoo odoginiman gaa-ezhi-inaagozinid.

"Awenen aawiyeg?" ogii-nandotawaan, chi-maamakaadendaagozid.

"Oginiig indaawimin," ogii-nakwetawaawaan

Mii dash ogii-ani-gashkendam. Odoginiman ogii-wiindamaago ge maamawibezhigoowinid miziwewigamigong. Dash naano-midaaswaak bi-ayaawan, gakina naasaab izhinaagozinid, minoginid bezhigwan gitigaaning!

"Aapiji daa-migoshkaaji'aa iidog," ogii-izhi'idizo, "giishpin gii-waabandang... geget daa-gichi-ozosodang, dash gagwenibookaazod ji-bwaa-baapi'ind. Mii dash booch igo daa-gagwe-naadamaagekaazowaanen wii-bimaaji'ag – mii giishpin gaawiin gii-izhichigesiiyaan, wii-dabasendamaan gaye, geget igo daa-nibod..."

Dash ogii-nanaagadawendaan: "Nigii-inendaan daniyaan, gaye wiijii-ayaawag ogin maamawibezhigoowid; dash nisidawendamaan noongom bwaa-maamawibezhigoowid. Oginan eta aawiwan, gaye niswi ishkodewaadinaagin ge ako apiitaag nigidigong – dash bezhigwan daa-jaaginigaadeg iidog apane igo... gaawiin aapiji gwech indinendaagozisii..."

Mii dash ogii-atookamigizi gaye mawid.

Bakebii'igan 21

Iw apii dash ogii-mookisewan waagoshan.

"Mino-gigizheb," ogii-idamini waagoshan.

"Mino-gigizheb," ogii-nakwetawaan ogimaans weweni, aanawi apii aabanaabamaad gaawiin ayaasiinid imaa.

"Indayaa omaa," ogii-idamini, "anaamiyi'iing mishiiminatigong."

"Awenen aawiyan?" ogii-gagwejimaan ogimaans, dash idang, "Giminowaabaminaagoz."

"Waagosh indaaw," ogii-idamini waagoshan.

"Omaa bi-odaminawishin," ogii-idaan ogimaans. "Aapiji nimaazhendam."

"Gaawiin gigashki-odaminoosiinoon," ogii-idamini waagoshan. "Gaawiin niwaangawichigaazosii."

"Onh! Gaawiin onjida," ogii-idaan ogimaans.

Aanawi dash ishkwaa inendang noomag, gii-idang:

"Aaniin edaman – 'waangawichigaazo'?"

"Gibiiwidew," ogii-idamini waagoshan. "Awegonen dash nandawaabandaman?"

"Ninandawaabamaag ininiwag," ogii-idaan ogimaans. "Aaniin edaman – 'waangawichigaazo'?"

"Ininiwag," ogii-idamini waagoshan. "Baashkiziganan odayaanaawaan, gaye giiwosewag. Babaamendaagwad. Gaye dash odogi'aawaan baaka'aakwenhyan. Mii igo eta dash ge inendamowaad. Ginandawaabamaag ina baaka'aakwenhyag?"

"Gaawiin," ogii-idaan ogimaans. "Ninandawaabamaag wiijiiwaaganag. Aaniin edaman – 'waangawichigaazo'?"

"Moozhag onzaam boonendaagwad," ogii-idamini waagoshan. "Dibishkoo wiijii-ayaaw mii ge edamaan."

"'Wiijii-ayaaw' ina?"

"Mii gwayak," ogii-idamini waagoshan. "Ge niin, gwiiwizens gidaaw eta gaye gidizhewebiz dibishkoo ingodwaak-daso-midaaswaak gwiiwizensag. Gaye gaawiin ginandawenimisiinon. Gaye dash giin, ge giin, gaawiin ginandawenimisii. Ge giin, mii igo eta waagosh indaaw dibishkoo ingodwaak-daso-midaaswaak waagoshag ezhi-izhiwebiziyaan. Aanawi giishpin waangawi'iyan, dash giwii-nandawenindimin. Ge niin, giwii-maamawibezhigoow. Ge giin, niwii-maamawibezhigoow..."

"Nimaajiinisidawendaan," ogii-idaan ogimaans. "Ogin ayaa... ninendaan gii-waangawi'id..."

"Gashkichigaade," ogii-idamini waagoshan. "Omaa Akiing gashkinisidawendaagwadoon anooji."

"Onh, aanawi dash gaawiin ayaasiiwan omaa Akiing!" ogii-idaan ogimaans.

Waagoshan ogii-giiwashkweyendamowan, gaye omaamakaadendamini aapiji.

"Ayaa ina bakaan-akiing?"

"Enh."

"Giiwosewag ina iwedi?"

"Gaawiin."

"Onh, gichi-inendaagwad! Baaka'aakwenhyag ina ayaawag iwedi?"

"Gaawiin."

"Gaawiin wiikaa gwayakonaagwasiinoon," ogii-idamini waagoshan ge ikwanaamonid.

Aanawi ogii-inendaan miinawaa.

"Aapiji nimbiichaa-inaadiz," ogii-idamini waagoshan. "Ninooji'aag baaka'aakwenhyag; ininiwag ninooji'igoog. Gakina baaka'aakwenhyag naasaab izhiwebiziwag, gaye gakina ininiwag naasaab izhiwebiziwag. Mii dash wenji-biichaa-inaadiziyaan bangii. Aanawi giishpin waangawi'iyan, dibishkoo giizis gii-bi-zaagaasid wii-izhiseg. Niwii-nisidotaan ge maamawibakaanidakokiiyan. Moozhag nigaaz naamikamigong apii

noondamaan dakokiid. Niwii-aawetaan ezhi dakokiiyan, dash wii-
mookigiseyaan izhi-gaazoyaan. Mii dash nashke: giwaabandaan ina
gitigaaning iwedi? Gaawiin indamawaasii bakwezhigan. Gaawiin nigichi-
inenimaasii bakwezhiganimin. Gaawiin gichi-inendaagwad izhi-minoging
bakwezhiganashk. Mii ge maanadendaagwad. Aanawi gidozaawindibe.
Naagadanendan waa-maamakaadendaagwag apii waangawi'iyan!
Bakwezhiganimin, ge ozaawaanzo gaye, wenji-wii-ineniminan. Gaye niwii-
zaagitoon ji-noondamaan zhaaboondeyaasing bakwezhiganashkong..."

Waagoshan ogii-ganawaabamigo ogimaans, ginwenzh.

"Daga shko – waangawi'ishin!" ogii-idamini.

"Nimisawendaan, aapiji," ogii-nakwetawaan ogimaans. "Aanawi
noomag eta niwii-ayaa omaa. Niwii-wiijikiwenyimaag anooji, gaye anooji
niwii-nandagikendaanan."

"Mii eta dash awiiya onisidawenimaan waangawi'aad," ogii-idamini
waagoshan. "Ininiwag onibaajiikaanaawaa dash wenji-bwaa-
nisidawendamowaad. Ogiishpinadoonaawaan gakina zhaazhe
ozhichigaadeg adaawewigamigong. Aanawi daa bwaa-giishpinajigaade
inawendiwin, dash ininiwag bwaa-
wiijikiwenyimaawaad. Gishpin
wiijikiwenyimad, waangawi'ishin..."

"Awegonen dash daa-doodamaan
wii-waangawi'inan?" ogii-gagwejimaan
ogimaans.

"Gidaa-zhiibenim aapiji," ogii-
nakwetaago waagoshan.
"Akawe giwii-onab
dakoonik ge izhi-
ayaayaan – ge izhiseg –
mashkosiing. Giwii-
jiisibapaabamin, dash

"Giishpin, daa-izhaayan, niiwo-dibaa'iganeg ishkwaa-naawakweg,
dash niwii-maajii-minawaanigoz i'iw apii niso-dibaa'iganeg.

gaawiin giwii-idanziin. Ikidowinan wenji-banitaagwadoon. Aanawi giwii-onab bebangii besho ge niin, endaso-giizhigag...”

Ge-giizhigad ogimaans gii-biskaabiid.

“Anooji daa-minozhiseban biskaabiiyan naasaab dibaa’iganeg,” waagoshan ogii-idamini. “Giishpin, daa-izhaayan, niiwo-dibaa’iganeg ishkwaa-naawakweg, dash niwii-maajii-minawaanigoz i’iw apii niso-dibaa’iganeg. Anooji niwii-minawaanigoz bebangii ge izhiseg. Niiwo-dibaa’iganed, wii-babaamendamaan gaye babaagwaashkwaniyaan zhaazhe. Giwii-waabanda’in ezhi-minawaanigoziyaan! Aanawi giishpin bi-izhaayan booshke giin, gaawiin wiikaa niwii-gikendanziin i’iw apii memindage daa-anamikoonaan... Daa-chipiitendaagwadoon izhitwaawinan...”

“Awegonen aawang izhitwaawin?” ogii-gagwejimaan ogimaans.

“Izhichigewinan moozhag boonendaagwag onzaam,” ogii-idamini waagoshan. “Mii igo wenji-bakaanwayagag endaso-giizhigag, endaso-dibaa’iganeg. Gaawosejig nigikenimaag ge izhitwaawaad. Endaso-niiwogiizhigad wiijishimotawaad ikwewan oodenong. Mii igo endaso-niiwogiizhigad aapiji minozhiseg ge niin! Nigashki-babaamose awaasa izhi-minoging zhoominan. Aanawi giishpin gaawosejig niimiwaad amanj igo apii, endaso-giizhigag naasaab daa-izhiseg, miinawaa gaawiin wiikaa daa-azhesesiiyaan.”

Dash ogimaans ogii-waangawi’aan waagoshan. Mii dash gomaapii daa-maajaa –

“Onh,” ogii-odamini waagoshan, “niwii-maw.”

“Gidaa-inoo’idiz,” ogii-idaan ogimaans. “Gaawiin wiikaa nigii’bagosendanziin daa-naniizaani’inan; aanawi gii-misawendaman ji-waangawi’inan...”

“Enh, mii ingwana,” ogii-idamini waagoshan.

“Aanawi noongom giwii-maw!” ogii-idaan ogimaans.

“Enh, mii ingwana,” ogii-idamini waagoshan.

"Dash gaawiin gigii-minoizhiwebizisii!"

"Nigii-mino-izhiwebiz," ogii-idamini, "ge noongom nisidawaabandamaan ezhi-inaandeg bakwezhiganashk-gitigaan." Gaye gii-idaminid:

"Ganawaabam miinawaa oginiig. Giwii-nisidawenimaa ezhi-maamawibezhigoowid. Dash biskaabiin omaa ji-anamikawiyan, miinawaa giwii-wiindamoon gaadooyaan."

Ogimaans ogii-maajaa, gii-ganawaabamaad oginiin.

"Gaawiin gidayaasiim dibishkoo indoginim," ogii-idaan. "Noongom gaawiin gigichi-inendaagozisiim. Gaawiin gigii-waangawi'igosiim, gaye waangawi'aasiwegwaa. Dibishkoo waagosh ezhi-ayaayeg apii nitaam gii-nakweshkawag. Eta dash ogii-izhiwebizi dibishkoo midaaswaak waagoshag. Aanawi nigii-wiijikiwenyimaa, dash noongom maamobezhigoowid."

Aapiji oginiin ogii-menishendamini.

Mii dash ogii-atookamigizi gaye mawid.

"Gigwanaajiwim, aanawi wiimbiziyeg," ogii-idaan. "Gibwaa-bagidenimaagowaa. Geget, awiiya odaa-inenimaan indoginiman ezhinaagozinid dibishkoo ge giin – indoginim. Aanawi omaamawigichi-inendaagoziwan anooji apii gakina giinawaa: gii-zaswegiiga'andawag wenji-maamawigichi-inendaagozid; gii-ashi'ag anaami-omoodayaabikong wenji-gichi-inendaagozid; gii-ozhigawag ishkweyaang zhaabwaazhigawichiganing wenji-gichi-inendaagozid; gii-zhaabwii'ag apii nishi'agwaa wemakwaayaanenhyag (eta igo gaawiin nishi'aasiwagwaa wii-ombigiwaad ji-memengwaawiwaad wenji-gichi-inendaagozid); gii-bizindawag, apii mamadwed, apii maamiikwaazod, gemaa naningodinong bizaanabid wenji-gichi-inendaagozid. Indoginim niwiiji'aywaa wenji-gichi-inendaagozid.

Dash ogii-biskaabii ji-nakweshkawaad waagoshan.

"Giga-waabamin," ogii-idaan.

"Giga-waabamin," ogii-idamini waagoshan. "Noongom giwii-wiindamoon gaadooyaan, wenipanag: Mii eta dash giwii-nisidawendaan apii boonigidetaazoyan bwaa-waabanjigaadeg maamawigichi-inendaagwag."

"Bwaa-waabanjigaade maamo-gichi-inendaagwag," ogimaans ogii-izhi'idizo, wii-minjimendang.

"Gigii-naagadawenimaa gidoginim wenji-gichi-inendaagozid."

"Nigii-naagadawenimaa indoginim –" ogii-idaan ogimaans, dash wii-minjimendang.

"Ininiwag ogii-wanendaanaawaa debwemagag," ogii-idamini waagoshan. "Aanawi gaawiin wiikaa gidaa-wanendanziin. Gidaa-ganawenimaa, apane igo, gii-waangawi'ad. Gidaa-ganawenimaa gidoginim…"

"Niwii-ganawenimaa indoginim," ogimaans ogii-idaan minawaa, dash wii-minjimendang.

Bakebii'igan 22

"Minogigizheb," ogii-idaan ogimaans.

"Minogigizheb," ogii-idamini beskanebidoonid.

"Awegonen odoodaman omaa?" ogimaans ogii-gagwejimaa.

"Indoninaag bebaamaadizijig, gashkibizhagwaa daso midaaswaak," ogii-idamini beskanebidoonid. "Nimaajinizha'aag ishkodewidaabaanag izhiwizhaawaad; namanjayi'iing, debanayi'iing."

Mii dash zaagaatewan ishkodewidaabaanan wewiib bawinaminid beskanebidoonid izhi-nibaad dash ezhi-taagozinid dibishkoo animikii.

"Gichi-wewiibiziwag," ogii-idaan ogimaans. "Awegonen nandawaabandamowaad?"

"Gaawiin ganage mayaajiibizowinini ogikendanziin" ogii-idamini beskanebidoonid.

Gaye eko-niizhing zaagaatewan ishkodewidaabaanan bimibizonid, aazhawayi'iing akeyaa izhi-animibizonid.

"Baabige ina azhegiiwewag?" ogii-idaan ogimaans.

"Naasaab gaawiin aawisiiwag," ogii-idamini beskanebidoonid. "Izhi-aazhookaning."

"Gaawiin ina odebisewendanziinaawaa apii omaa izhi-ayaawaad?" ogii-gagwedwe ogimaans.

"Gaawiin awiiya wiikaa odebisewendanziiwag izhi-ayaad," ogii-idamini beskanebidoonid.

Dash ogii-noondawaawaan eko-nising zaagaatenid ishkodewidaabaanan gizhiiwewebizonid.

"Obiminaazhikawaawaan ina ingoding ishkodewidaabaanan?" ogii-idaan ogimaans.

"Gaawiin gegoo obiminizha'anziinaawaa." ogii-idamini beskanebidoonid. "Nibaawag gemma giishpin bwaa-nibaawaad nibaayaawewaagwen. Abinoojiiyag eta ashoodinaanaawaan ojaanzhimiwaan waasechiganaabikong."

"Abinoojiiyag eta ogikendaanaawaa ge nandawaabandamowaad," ogii-idaan ogimaans. "Onibaajiikaanaawaa odaminowaagan dash aapiji ani-inendaagwag; dash giishpin gagwe-mamigaadeg, omawindaanaawaa…"

"Ominwaabamewiziwag," ogii-idamini beskanebidoonid.

Bakebii'igan 23

"Minogigizheb," ogii-idaan ogimaans.

"Minogigizheb," ogii'idamini wedaawenid.

Ogii-adaawenamini mashkikiinsan ji-aabajichigaadeg wii-bwaa-gaaskanaabaagwed. Gidaa-gondaan bezhigwan mashkikiins daso-anamiseg, miinawaa dash bwaa-gaaskanaabaagweyan.

"Aaniin wenji-adaawenaman iniw?" ogii-gagwejimaan ogimaans.

"Gaawiin giwii-nibaajiikanziin wenji-adaawenamaan," ogii-idamini wedaawenid. "Gichi-gekendaasojig ogii-agindaanaawaan. Giishpin aabajitooyan, giwii-zhaabwiitoonan naanimidana-ashi-niswi daso diba'iganensan daso anamiseg."

76

"Awegonen dash daa-izhichigeyaan ge naanimidana-ashi-niswi daso diba'iganensan izhiseg?

"Booshke giin gimisawendaan..."

"Ge niin," ogii-izhi'idizo ogimaans, "giishpin naanimidana-ashi-naanan daso diba'iganensan daa-aabajitooyaan ge misawendamaan, indaa-naadoobii dakibing."

Bakebii'igan 24

Mii igo dash gii-nishwaasogonagad apii bangishinaan bagwadakamigong, gaye bizindamaan gaa-inaajimaad wedaawenid ge jaaginamaan ninibim.

"Aah," nigii-idamaa ogimaans, "minotaagwadoon mikwendaman; aanawi gaawiin mashi nanaa'inaziwaan nimbemisemagak; gaawiin anooji indayanziin wii-minikwaadamaan; gaye niin, daa-gichi-inendamaan de naadoobiiyaan dakibing!"

"Niijii waagosh –" ogimaans nigii-ig.

"Niijiins, gaawiin dash noongom nendaagozisiid waagosh!"

"Aaniin danaa?"

"Nigawaabaagwe waa-wenji-niboyaan..."

Gaawiin nigii-nisidawenimigosii, gaye gii-nakwetawid:

"Mino-izhise giishpin wiiji-ayaawad, mii misawaa daa-ani-niboyan. Ge niin, aapiji nimiigwechiwendaan gii-wiijikiwenyimag waagosh..."

"Gaawiin odaa-gozaabandanziin naniizaanag," nigii-idamidiz. "Gaawiin wiikaa ogii-bakadesii gemaa gaaskanaabaagwesiid. Mii igo eta dash onandawendaan zaagaasind..."

Aanawi nigii-ganawaabamig, gaye nakwetang gaa-inendamaan:

"Nigaaskanaabaagwe, ge niin igo. Aambe naadoobiidaa..."

Nigii-maajibiz ge noondeshinaan. Giiwanendaagwad wii-naadoobiiyang, bagwana, omaa gichibagwadakamigong. Aaniwag dash nigii-maajii'adoomin.

Apii gii-babaamoseyaang ginwenzh, bizaan, gii-ani-dibishigiishkaag, miinawaa anangoog mookisewaad. Nigii-gaskanaabaagwe wenji-gizhizo-inaapineyaan, gaye waabamagwaa dibishkoo bawaazhagwaa. Ogimaans nigii-ishkwaaji-idamig gaa-mikwendamaan:

"Gigaskanaabaagwe ina dash, gaye?" nigii-nandotawaa.

Aanawi gaawiin nigii-nakwetaagosii. Mii igo eta nigii-ig:

"Nibi dash daa-wiidookaagwad gidode'im gaye..."

Gaawiin nigii-nisidotawaasii idamid, aanawii gegoo gii-idanziwaan. Nigii-gikendaan aapiji ge bwaa-gagwejimag miinawaa.

Ogii-noondeshin. Ogii-onabi. Nigii-wiidabimaa. Dash, ishkwaa gii-bizaan-ayaayaang noomag, gii-ikido miinawaa:

"Bwaa-waabanjigaazowan oginiin, wenji-gichi-gwanaajiwiwaad anangoog."

Nigii-nakwetawaa, "Enh, mii gwayak." Gaye, ge nigii-bwaa-idaan anooji, gii-debaabandamaan babiikwadaawangaasing atemigag dibiki-giizhigaateng.

"Gwanaajiwan bagwadakamig," ogimaans idaan.

Gii-debwemagad. Apane nigii-zaagitoon bagwadakamig. Onabi bikwadaawangaang, gaawiin waabandanziin, noondanzig. Aanawi ge bizaan gegoo bapanga'an, waasenaagwag...

"Ingoji dash gaajigaade wanzhibii," idaan ogimaans, "mii dash wenji-gwanaajiwang bagwadakamig..."

Nigii-maamakaadendaan ge zezikaa nisidawendamaan giimoodag giiwitaawangaasing. Apii gii-gwiiwizensiwiyaan gii-daayaan gete-waakaa'iganing, gaye dash igoyaang gichi-daniwin izhi-ningwa'igaadeg imaa. Geget, gaawiin wiikaa gii-gikendanziwaang ezhi-mikamaang; gonemaa gaawiin awiiya gagwemikanzig. Aanawi gii-gichi-inendaagwag izhi-daayaan. Gegoo gii-gaajigaade izhi-daayaan giimoodag...

"Enh," Nigii-idamaa ogimaans. "Waakaa'igan, anangoog, bagwadakamig – wayaabaminaagwasinog wenji-gwanaajiwiwaad!"

78

Ogii-baapi, daanginang asabaab, gaye mamaazikang ombaabiiginigan.

"Nimiigwechiwendaan," ogii-idaan, "ge bezhigwenimad niijii waagosh."

Mii dash gii-ani-nibaad ogimaans, gii-bimiwizhag ge maajii'adooyaan miinawaa. Nigii-inishkaag, gaye webi'igoyaan. Nigii-nisidawendaan ge bimiwizhag gichi-niinamizid. Nigii-nisidawendaan, ge niin, ge maamawi-niinamizid omaa akiing. Dibiki-giizhigaateng gii-waabandamaan owaabishkigatig, ge basangwaabid, owiinzisim zhaaboondeyaasing, dash gii-izhi'idizoyaan: "Mii ge niwaabandaan igo eta dash wiiyaw aawang. Mii ge maamawigichi-inendaagwad bwaa-waabanjigaadeg..."

Mii ge onasaakonaan odoon bangii ge gagwe-zhoomiingwenid, gii-izhi'idizoyaan miinawaa: "Owiijikiwenyimaan odoginiman wenji-inishkaagoyaan, ogimaans ge izhi-nibaad omaa – ge nisidawendamaan odoginiman ge dabaadenimaad wenji-onzaamenimaad, misawaa nibaad..." Gaye nigii-moozhi'aa anooji niinamizid. Nigii-inendaan daa-ganawenimag, dibishkoo ishkode daa-ateyaasing...

Gaye, ge gii-bimoseyaan, gii-mikamaan onda'ibaan, ge biidaabang.

Bakebii'igan 25

"Ininiwag," ogii-idaan ogimaans, "booziwaad ishkodewidaabaaning, aanawi bwaa-gikendamowaad nandawaabandamowaad. Dash gizhiibabaami-ayaawag, gaye baapinakamigiziwaad, gaye didiba'osewaad..."

Gaye ogii-idaan:

"Gego nibaajiikangen..."

Onda'iban nigii-mikaamin dash bwaa-ezhi-inaagwag dibishkoo *Sahara*-ing onda'ibaanan. *Sahara*-ing ondaa'ibaanan gii-moona'igaadewan bingwiing eta. O'ow gii-aawan dibishkoo onda'ibaan oodenaang. Aanawi gaawiin oodena gii-atesinoon, gaye inendamaan ge bawaajigeyaan...

"Mayagi-ezhinaagwad," nigii-izhi'aa ogimaans. "Gakina gegoo giizhiitaa daa-aabajitooyan: ombaabiiginigan, gwaaba'igan, asabaab..."

Ogii-baapi, daanginang asabaab, gaye onakidood ombaabiiginigan.
Gaye ombaabiiginigan gii-madwewe, dibishkoo gete-gegoo
boonizhaaboondeyaasing.

"Ginoondaan ina? ogii-gagwedwe ogimaans. "Nigii-bimendaamin
onda'ibaan, dash izhi-madweweg..."

Gaawiin nigii-minwendanziin wii-noondeshing ge aabajitood asabaab.

"Miinishin," nigii'izhi'aa. "Onzaam gozigwan wii-aabajitooyan."

Nigii-ombaabiiginaan gwaaba'igan nengaaj zhishwajayi'iing izhi-
nasaakosing dash atooyaan – minwendamaan, ge ayekoziyaan. Geyaabi
nigii-noondaan ezhi-nitaagwag ombaabiiginigan, gaye dash gashki-
waabandamaan izhi-biindigaateg mooshka'agwiinjiseng.

"Niwii-minikwaadaan nibi," ogii-idaan ogimaans. "Miinishin gegoo
daa-minikwaadamaan..."

Gaye dash nigii'nisidawendaan gaa-nandawaabandang.

Nigii-ombinaan gwaaba'igan odooning. Ogii-minikwe, dash
basangwaabid. Gii-wiishkobipogwad dibishkoo chitwaa-
ziinzibaakwadoons. O'ow nibi dash bakaan gii-aawan ge moozhag
minikwaadaan. Nigii'bimosemin anaamayi'iing anangoog, ezhi-
nitaagwag ombaabiiginigan. Gii-onizhishin daa-
dakide'eyaabaawanidizod, dibishkoo miigiwewin. I'iw apii nigii-
gwiiwizensiw, mikwendamaan ezhi-waaseg niibaanamom-mitigong,
noondamaan madwechigewaad epiichi anamesike-anami'ewaad aabitaa-
dibikong, ezhi-minawaanigoziwaad ge zhoomiingweniwaad, gakina dash
wenji-gichi-apiitendaagwag gaa-miinigooyaan.

"Ininiwag ge ayaawag izhi-daayan," ogii-idaan ogimaans,
"ombigi'aawaad naaning-midaaswaak oginiin naasaab gitigaaning – gaye
dash bwaa-mikamowaad nandawaabandamowaad imaa."

"Gaawiin omikanziinaawaa," nigii-nakomaa.

"Misawaa dash onanadawaabandaanaawaa daa-mikaajigaadeg bezhigo
oginiing, gemaa bangii nibing."

"Enh, debwemagad," nigii-idaan.

Mii dash ogimaans ogii-idaan:

"Aanawi bwaa-waabanjigaade. Gidaa-moozhitoon gidodeming…"

Nigii-minikwaadaan nibi. Nigii-nese wenipan. Apii biidaaban bingwi dibishkoo amoowaaboo ezhi-inaandeg. Miinawaa aapiji nigii-minwendaan ezhi-inaandeg. Aaniin dash wenji-naniinawendaagoziyaan?

"Gidaa-chi-apiitendaan gaa-waawiindamawiyan," ogii-idaan ogimaans, bizaan, ge wiidabimid miinawaa.

"Awegonen gaa-waawiindamoonan?"

"Gigikendaan – gibidoonezhigan daa-aabajitood nimaanishtaanishim… ge ganawenimag indoginim…"

Nigii-gidinaanan nibiindaaganing gaa-mazinibii'amaan. Ogimaans ogii-ganawaabandaanan, dash baapid ge idang:

"Gi-*baobab*-imag – dibishkoo gichi-aniibiish ezhi-inaagozid."

"Onh!"

"Nigii-gichi-maminaadenimaag ni-*baobab*-imag!"

"Giijii waagosh – otawagan ezhi-inaagwadoon dibishkoo eshkanan; onzaam ginootawaged."

Dash ogii-baapi miinawaa.

"Gaawiin gibiziskaadizisii, ogimaans," nigii-idaan. "Gaawiin nigikendanziin ji-mazinibii'amaan misawaa ginebigong zaagijayi'iing gaye biinjayi'iing."

"Onh, daa-onizhishin," ogii'idaan, "abinoojiiyag wii-nisidawendamowaad."

Mii dash nigii-mazinibii'aan gibidoonezhigan ge aabajitooyaan ozhibii'iganatig. Gaye apii nigii-miizhaa gashkendamide'eyaan.

"Gigii-inaakonaan ge bwaa-gikendamaan," nigii-idaan.

Aanawi gaawiin nigii-nakwetaagosii. Mii eta nigii-ig indawaaj:

"Gidaa-gikendaan – apii gii-mizhakiiseyaan… Waabang gaa-izhiseg ingowaaki ge izhiwebag."

Dash ogii-bizaan-ayaa, dash idang:

"Nigii-bangishim beshoj omaa."

Mii dash ogii-ani-miskwiingwe.

Ingoding miinawaa, nigii-bwaa-nisidawendaan wenji-ezhi-ayaayaan, gii-gashkendamaan aapiji. Misawaa nigii-gagwejimaa dash:

"Mii dash ina gaawiin bagwana gii-izhiwebasinoon i'iw gizheb apii nitaam nakweshkoonan – bezhig gaa-anamiseg – gii-babaami-ayaayan, nazhikewiyan, anooji apii ingoding midaaswaak daso diba'ibaanan ge waasa ge izhi-daad awiiya? Gigii-azhegiiwe ina gaa-izhi-bangishinan?"

Ogimaans ogii-ani-miskwiingwe miinawaa.

Mii dash nigii-idaan, ge zhaagwenimoyaan:

"Mii igo iidog ina ingowaaki gii-izhise dash wenji-izhiwebag?"

Ogimaans ogii-ani-miskwiingwe miinawaa. Gaawiin wiikaa ogii-nakwetanziin – aanawi ina giishpin awiiya daa-ani-miskwiingwed daa-nisidawaabanjigaadeg "Enh"?

"Ah," nigii-izhi'aa, "Bangii nizegiz –"

Aanawi nigii-wanishkwe'ig.

"Noongom dash gidaa-anoki. Gidaa-azhegiiwe izhi-ateg gimayaajiibizojigan. Giwii-baabii'in omaa. Neyaab azhegiiwen omaa waabang onaagoshing…"

Aanawi gaawiin nigii-zoongide'eshkawenim'igoosii. Nigii-mikwenimaa waagosh. Awiiya dash daa-bangigaawizibiingwedog, giishpin bagidinaad wii-waangawi'ind…

Bakebii'igan 26

Besho onda'ibaaning gete-asinii-aasamisag gii-atemigad. Ishkwaa nigii-anoki apii azhegiiweyaan, aanike-onaagoshing, waasa gii-debaabamag niijii aasamisagong apabid, ozidan wewebinang. Dash nigii-noondawaa idang:

"Mii gaawiin gimikwendanziin. Gaawiin gwayak-atesinoon omaa."

Awiiya bakaan dash ogii-daa-nakwetaagoon, ge nakomaad:

"Enh, enh mii sa igo! Gwayakogonagad, aanawi gaawiin atesinog omaa."

Geyaabi nigii-inose aasamisagong. Gaawiin nigii-noondawaasii. Amanj igo ogimaans onakomaan miinawaa:

"– Mii gwayak. Giwii-waabandaan ni-izhikaweyaan, bingwiing. Aabideg giwii-baabii imaa eta. Niwii-ayaa imaa noongom dibikag."

Nigii-inakodeshin niizhtana-daso dibaibnanan epiichaag aasamisagong, mii geyaabi gaawiin gegoo gii-debaabandanziwaan.

Ishkwaa ogii-bizaanabi ajina ogimaans giigidod miinawaa:

"Mino-bichibowin ina gidayaan? Gidebweyendaan ina gaawiin wii-aanimigaazosiiyaan ginwenzh?"

Nigii-noogise miinawaa osidaawendamaan; misawaa gaawiin geyaabi nisidawendanziwaan.

"Azhigwa maajaan," ogii-idaan ogimaans. "Ninandawendaan ikogaabaayaan aasamisagong."

Nigii-niisa-inaabndaan, i'iw apii niisayi'iing aasamisagong – mii dash gwaashkwaniyaan. Niigaaning imaa nigii-izhi-ayaa, ge niigaanigaabawitaagod ogimaans, ozaawaaginebigoon ni-ayaanid ge gashki-nishi'igooyan zezikaa. Misawaa megwaa nigii-gagwe-debinaan nibaashkizigan nibiindaaganing gii-gizhii-ahzegaabawiyaan. Apii nigii-biidwewe, ginebigoon zhooshkosenid wenipan bingwiing dibishkoo mookijiwanibiigwang ishkwaaj, mii negaaj angwazod, biiwaabik ezhi-taagozid endazhi-asiniing.

Mii ge nigii-dagoshin aasamisagong weweni niijiins gii-nakwebizhag; waabimiingwenid dibishkoo ezhi-inaanzonid goonan.

"Aaniin enakamigag?" nigii-gagwejimaa. "Aaniin dash ginebigoog gaganoozhadwaa?"

Nigii-aabiskobidoon ozaawaa-giizhoopizon apane biizikang. Okatigoon nigii-dipwadoonan, dash miizhag nibi ji-minikwaadang. Mii dash gaawiin geyaabi nigii-gagwejimaasii. Nigii-naagadawaabamig, mii dash gikinjigwenid. Nigii-moozhitoon ododewewin miinawa gizhii-banga'ogod dibishkoo bineshiiwan gii-baashkizawaad...

"Niminawaanigwendaan mikaman ezhi-biigoshkaag gimayaajiibizojigan," ogii-idaan. "Noongom gidaa-gashki-azhegiiwe –"

"Aaniin ezhi-gikendaman?"

"Azhigwa maajaan," ogii-idaan. "Ninandawendaan ikogaabaayaan!"

Nigii-wiindamawaaban awashime apiich bagosendamaan, gii-minoseyaan.

Gaawiin nigii-nakwetaagosii, misawaa idang:

"Niin, gaye, niwii-azhegiiwe noongom…"

Dash, ogii-gashkendam –

"Gichi-waasa atemigad… awashime gichi-zanagag…"

Nigii-maaminonendaan mamaandaawinaagwag inakamigag. Dibishkoo abinoojiins nigii-ashoodizhaa; mii aanawi akeyaa bagoneyaang gii-inendamaan izhi-apa'iwed miinawaa bwaa-mamaanjigonag…

Ogii-izhinaagozi gikaadizid, dibishkoo awiiya waawaasa wanishing.

"Gimaanishtaanish indayaawaa. Miinawaa maanishtaanish omakak indayaan. Miinawaa gibidoonezhigan indayaan…"

Mii dash ogii-gashkendam ge gagwe-zhoomiingwetawid.

Nigii-baabaabii'o ginwenzh. Bebangii ogii-aabaakawizi ge waabamag.

"Niijiins," nigii-izhi'aa, "gizegiz…"

Ogii-zegizi, geget sa. Mii ogii-ginagaapi.

"Awashime niwii-gichizegiz noongom onaagoshing…"

Ingoding miinawaa nigii-bizaanab ge aanimendamaan aapiji. Miinawaa nigii-onzaamendaan gonemaa gaawiin wiikaa miinawaa daa-noondawaasiwag iidog baapid. Ge niin, nigii-aawetaan initaagwag dibishkoo dakibi bagwadakamigong.

"Niijiins," nigii-idaan, "nimisawendaan ji-noondoonaan baapiyan miinawaa."

Mii nigii-izhi'ig: "Noongom dibikad, ingowaaki gii-izhiseg… indanangim mikaajigaazod gwayak-ishpayi'iing dazhi-gii-dagoshinaan omaa Akiing, gaa-ingo-biboonagag…"

"Niijiins," nigii-idaan, "wiindamawishin giiwanaadingwaamaan eta – gii-inakamigizid ginebig, miinawaa izhi-nagishkodaadiyang, gaye anang…"

Mii dash gaawiin nigii-nakwetaagosii. Indawaaj nigii-izhi'ig:

"Gichi-apiitendaagwad gaawiin waabandanziwang…"

"Enh, nigikendaan…"

"Naasaab nimaaminonenimaa waabigwan. Giishpin zaagi'ad ogin anangong izhi-daad, mii onizhishin giizhigong ji-waabandaman dibikag. Miziwe anangong oginiig baashkaabigwanewag…"

"Enh, nigikendaan…"

"Naasaab nimaaminonendaan nibi. Dash nigii-aabajitoonan ombaabiiginigan, miinawaa asabaab, gaye gii-miizhiyan ji-minkwadamaan wenji-maamawiminopidamaan nibi. Gimikwendaan – ezhi-minogaming."

"Enh, nigikendaan…"

"Mii dash dibikong wii-ishpaabamadwaa anagoog. Gakina gegoo agaasaawan izhi-daayaan mii dash bwaa-waabanda'inan izhi-ayaad indanangim. Awashime onizhishin. Indanangim owii-ayaa, izhi-waabamadwaa giizhigong. Mii dash giwii-zaagitoon ji-waabamadwaa gakina anangoog giizhigong… Giwii-wiijikiwenyimigoog. Mii miinawaa, giwii-ozhitamoon miigiwewin…"

Ogii-baapi miinawaa.

"Ah, ogimaans, niijii ogimaans! Nizaagitoon noondoonaan baapiyan!"

"I'iw aawan nimiigiwewin. Mii i'iw eta. Wii-inakamigad gaa-ezhi-izhiwebag minikwaadamang nibi…"

"Awegonen gagwe-idaman?"

"Gakina bemaadizijig ogashkiwaabamaawaan anangoon," nigii-nakwetaag, "aanawi gaawiin naasaab nisidawaabanjigaazosiinid. Bebaamaadizijig onisidawaabamaawaan gikinoowizhiwenid. Bakaan bemaadizijig onisidawaabamaawaan biskaakonizinid eta giizhigong. Nendagikendaasojig gii-aanimizi'igoowaan. Wedaawewinini nigii-nakweshkawaa agimaad dibishkoo zhooniyaa. Mii dash gakina ongow anangoog bizaan-ayaawaad. Giin – giin eta – giwii-ayaawaag anangoog bezhigoowiyan –"

"Awegonen gagwe-idaman?"

"Niwii-izhi-daa bezhigo anangong. "Niwii-izhi-baap bezhigo anangong. Mii dash wii-inakamigad dibishkoo gakina anangoog baapiwaad, apii ganawaabandaman giizhig dibikag… giin – giin eta – wii-ayaawadwaa anangoog gashki-baapiwaad!"

Mii dash ogii-baapi miinawaa.

"Mii dash apii gizoongide'eshkawenimigoo (boonigedetaazoyan ge-izhiseg) wii-nayendaman gii-gikenimiyan. Apane igo giwii-wiijikiwenyim. Giwii-nandawendaan ji-baapizhimiyan. Mii aangodinong giwaasechigan giwii-nasaakonaan, ji-jiikendaman… miinawaa giwiijiiwaaganag wii-maamakaadendamowaad ji-waabamigwaa ishpaabandaman giizhigong! Mii dash giwii-izhi'aag, 'Enh, anangoog apane baapizhimiwaad!' Miinawaa owii-debweyendaanaawaa giiwanaadiziyan. Niwii-gagwewayezhimin iidog…"

Mii dash ogii-baapi miinawaa.

"Wii-inakamigad dibishkoo gii-miizhinan baatayiinowaad zhinawa'oojiganensag gikendamowaad ezhi-baapiwaad…"

Mii dash ogii-baapi miinawaa. Mii dash ogii-ani-gikaadizi wewiib:

"Noongom dibikad – gikendaman… gego bi-izhaaken."

"Gaawiin giwii-nagadoosiinoon," nigii-idaan.

"Niwii-ezhi-inaagoz dibishkoo aanimendamaan. Niwii-ezhi-inaagoz bangii dibishkoo niboyaan. Mii ingwana. Gego bi-izhaaken ji-waabamiyan. Gego nibaajiikangen…"

"Gaawiin giwii-nagadoosiinoon."

Aanawi ogii-onzaamendam.

"Giwiindamoon – inenimag ginebig. Gaawiin gidaa-dakwamigosii. Ginebigoog – maji-izhiwebiziwag. Wa'aw gonemaa giwdaa-dakwamig iidog ji-minwendaagozid…"

"Gaawiin giwii-nagadoosiinoon."

Aanawi gegoo ogii-naagadawendaan mii dash gii-nayendang:

"Debwemigad gaawiin ayanzinig bichibowin ji-dakwamigoyan miinawaa."

Dibikong gaawiin nigii-waabamaasii ge maajaad. Ogii-giimoojise bizaan-ayaad. Apii nigii-adimaa gitaatabosed gaye mashkawendang. Nigii-izhi'ig eta:

"Ah! Gidayaa imaa..."

Miinawaa dash nigii-dakonaninji'ig. Geyaabi ogii-onzaamendam.

"Gigii-maanaajichige bi-izhaayan. Giwii-aanimendam. Niwii-ezhi-inaagoz dibishkoo niboyaan; miinawaa gaawiin debwemigasinog..."

Gaawiin nigii-idanziin.

"Ginisidawendaan... onzaam waasa atemigag. Gaawiin nigashki-izhiwidoon niwiiyawim. Onzaam gozigwan."

Gegoo nigii-idanziin.

"Dibishkoo dabinoo'igan nagada'igaade. Gaawiin maanadendaagwasinoon gete-dabinoo'iganan…"

Gaawiin nigii-idanziin.

Ogii-banaadendam bangii. Geyaabi ingoding ogii-goji-ewizi:

Nashke, daa-onizhishin. Gaye niin, niwii-ganawaabamaag anongoog. Gakina anangoog wii-aawiwag onda'ibaanan agwaagosing ombaabiiginigan. Gakina anangoog niwii-gwaaba'amaagoog ji-minikwadamaan…"

Gaawiin nigii-idanziin.

"Wii-wawiiyadendaagwad! Giwii-ayaawaag naanwaakoching-midaaswaak-daso-midaaswaak zhinawa'oojiganensag, miinawaa ayamaan naanwaakoching-midaaswaak-daso-midaaswaak dakibiin…"

Miinawaa wiin igo gaawiin gegoo gii-idanzig geyaabi wenji-mawid...
"Mii i'iw. Gibagadin ji-izhaayaan nazhikewiziyaan."

Mii dash ogii-zegizi, wenji-namadabid. Mii dash ogii-idaan, miinawaa:
"Gigikenimaa – indoginim... ganawenimag. Miinawaa oniinamizi sa!
Goopaadizi igo! Niiwin gaawiziganan odayaanan, bwaa-aabajichigaadeg
ji-ganawenindizod..."

Gaawiin geyaabi nigii-gashki-niibawisii, wenji-namadabiyaan.

"Mii sa i'iw..."

Ogii-zhaagwenimo bangii; mii dash bazigwiid. Ogii-dakokii. Nigii-
bwaa mamaajise.

Gaawiin gegoo gii-atesinoon mii dash besho obikwaakoganaan
waase-ozaawaanzheg izhiseg. Ogii-bizaanigaabawi ajina. Gaawiin ogii-
noondaagozisii. Ogii-bizaani-bangishin ezhi-bangishinid mitigoon.
Ogii-bangishin bingwiing, dash wenji-bwaa-danwewed.

Bakebii'igan 27

Mii dash ingodwaaswaki gii-izhiseg... gaawiin wiikaa nigii-
dibaadodanziin. Bebaamaadizijig nigii-nagishkaagoog apii giiweyaan
gii-moojigendamowaad bimaadiziyaan. Nigii-gashkendam dash
wiindamawagwaa: "Indayekoz."

Azhigwa nibwaa-gashkendam bangii. Mii sa – gaawiin ganage.
Gaawiin ogii-giiwesii odaadawaa'am-ogimaamaning gaawiin owiiyaw
mikanziwaan biidaabang wenji-gikendamaan. Gaawiin gozigwansinoon
owiiyaw... mii izhi-dibikag minwendamaan anangoog bizindawagwaa.
Initaagwad dibishkoo naanwaakoching-midaaswaak-daso-midaaswaak
zhinawa'oojigaansag...

Mii dash maamakaadendagwad gaa-inakamigag... gibidoonezhigan
gii-mazinibii'amawag ogimaans, wanitooyaan ji-mazinibii'amaan

Ogii-bizaani-bangishin ezhi-bangishinid mitigoon.

bashkwegineyaab. Gaawiin owii-gashki-zaga'anziinaadog omaanishtaanishing. Mii nimaamidonendaan noongom: awegodogwen ezhiwebag iidog odaadawaa'am-ogimaaming? Ganabaj odoginiman maanishtaanishan gii-amawaanid…

Mii dash indizhi'idiz: "Gaawiin geget sa!" Ogimaans obiina'aan odoginiman anaami-omoodayaabikong endaso-dibikag, miinawaa weweni ganawaabamaad maanishtaanishan…" Mii dash niminawaanigoz. Mii miinawaa minotaagoziwag gakina anangoog ezhi-baapiwaad.

Mii dash baanimaa indizhi'idiz: "Aangodinong wanendam mii dash ingwana! Ingoding dibik ogii-waanitoon omoodayaabik, gemaa maanishtaanishan gii-bizaani-giimiinid dibikag…" Mii dash mawitaagoziwag anangoog…

Mii sa gichi-giimoodad. Debwemigad ogimaans gizaagi'aanaan mii miinawaa, gaawiin gegoo ningoji bezhigwendaagwasinog giishpin, maanishtaanish gaawiin wiikaa gii-waabamaasiwang – enh gemaa gaawiin? – oginan gaa-amawaad…

Naagadawaabandamog ishpiming. Gagwejimidizog: enh gemaa gaawiin? Maanishtaanish ina oginan gii-amawaad? Mii dash giwii-waabandaanaawaa ezhi-anjisemigag gakina…

Miinawaa gaawiin wiikaa netaawigid owii-nisidawendanziin gichi-inendaagwag!

Nakakekamigong gichi-miikawaadad gaye gichi-gashkendaagwad ningoji igo. Naasaab izhinaagwad omaa dibishkoo mazina'iganing nakawe, mii dash gii-mazinibii'amaan geyaabi ji-mikwendameg. Mii omaa ogimaans ogii-waabaminaagozi Akiing mii dash booninaagozid.

Nanaagadawaabandamog mii geget sa waa-nisidawaabandameg giishpin babaami-ayaayeg *African-*bagwadakamigong. Mii giishpin bi-dagoshineg omaa, daga gego gigitaatakishingegon. Noogishkaag anaamayi'iing anangoog. Mii dash giishpin ininiins waabaminaagozid ge baapid miinawaa ozaawindibed miinawaa gaawiin nakwetoosinoweg, giwii-gikenimaawaa. Giishpin daa-ezhiwebag, daga minwenimo'ishig. Wiindamawishig gii-bi-azhegiiwed.

»Le Petit Prince« — Edition Tintenfaß

1	Malkuno Zcuro	Aramaic	
2	Zistwar Ti-Prens	Morisien (Mauritian Creole)	
3	Mały princ	Hornjoserbsce (Obersorbisch)	
4	Amiro Zcuro	Aramaic (Syrisch)	
5	Der glee Prins	Pennsylfaanisch-Deitsch	
6	Lisslprinsn	Övdalską	
7	Y Tywysog Bach	Cymraeg (Welsh)	
8	Njiclu amirārush	Armāneashti	
9	Kočnay Shahzada	Pashto (Afghan)	
10	Daz prinzelîn	Mittelhochdeutsch	
11	The litel prynce	Middle English	
12	Am Prionnsa Beag	Gàidhlig (Scottish Gaelic)	
13	Li P'tit Prince	Walon	
14	Mali Kraljič	Na-našu (Molise Slavic)	
15	De kleine prins	Drèents – Nedersaksisch	
16	Şazadeo Qickek	Zazaki	
17	Dher luzzilfuristo	Althochdeutsch	
18	Die litje Prins	Seelterfräisk (Saterfriesisch)	
19	Di latje Prins	Frasch (Nordfriesisch)	
20	De letj prens	Fering (Nordfriesisch)	
21	Chan Ajau	Maaya T'aan (Maya Yucateco)	
22	El' Pétit Prince	Picard	
23	Be þam lytlan æþelinge	Old English (Anglo-Saxon)	
24	U principinu	Siciliano	
25	Ten Mały Princ	Wendisch (Dolnoserbski)	
26	El Principiko	Ladino (Djudeo-Espanyol)	
27	Èl Pètit Prèce	Picard borain	
28	An Pennsevik Byhan	Kernewek (Cornish)	
29	Lou Princihoun	Prouvençau (Provençal)	
30	Ri ch'uti' ajpop	Maya Kaqchikel	
31	O Prinçipìn	Zeneize (Genovese Ligure)	
32	Di litj Prins	Sölring (Sylter Friesisch)	
33	Al Principén	Pramzàn (Parmigiano)	
34	Lo Prinçonet	Lemosin (Okzitanisch)	
35	Al Pränzip Fangén	Bulgnaìs (Bolognesisch)	
36	El Princip Piscinin	Milanese	
37	El Principe Picinin	Veneto	
38	Ke Keiki Ali'i Li'ili'i	'Ōlelo Hawai'i (Hawaiian)	
39	Li p'tit prince	Lidjwès (Liégeois)	
40	Li P'tit Prince	Wallon central (d' Nameur)	
41	Prispinhu	Lingua berdiánu	
42	Lu Principeddhu	Gaddhuresu (Gallurese)	
43	Te kleene Prins	Hunsrik (Brasil)	
44	El mouné Duc	Beurguignon (Bourguignon)	
45	Rey Siñu	Kriyol di Sicor (Kasamansa)	
46	Tunkalenmaane	Soninke	
47	•—••/•—–•••—•—••	Morse (Französisch)	
48	Lu Principinu	Salentino	
49	El Principén	Pesarese – Bsarés	
50	De kläne Prinz	(Kur-)Pfälzisch	
51	De kloine Prinz	Badisch (Südfränkisch)	
52	Der kleine Prinz / Le Petit Prince	Deutsch / Französisch	
53	De klääne Prins	Westpfälzisch-Saarländisch	
54	Èl pètit Prince	Lorrain – Gaumais d'Virton	
55	Der kleyner prints / Le Petit Prince	Yidish / Frantseyzish	
56	Lè Ptyou Prinso	Savoyard	
57	Al Principìn	Mantovano	
58	Ţééĺény Ţɔkkwórɔny	Koalib (Sudan)	
59	Ru Prengeparielle	Molisano	
60	The Little Prince	English	
61	Ol Principì	Bergamasco	
62	De Miki Prins / Le Petit Prince	Uropi / Franci	
63	Książę Szaranek	Dialekt Wielkopolski	
64	Da Small Pitot Prince	Hawai'i Pidgin	
65	↓ΞⴸⅠ ⴾⅠ↓↓ Ⅴ∀Ⅰ Ⅼ⅂ⴸ∩⅄Ⅴ∀Ⅰ	Aurebesh (Englisch)	
66	Morwakgosi Yo Monnye	Setswana	
67	El Little Príncipe	Spanglish	
68	Kaniyaan RaajakumaaraH	Sanskrit	
69	Er Prinzipito	Andalú	
70	Lo Pitit Prinço	Patois Vaudois	
71	Li juenes princes	Ancien français	
72	De klaan Prìnz / Le Petit Prince	Stroßbùrjerisch / Frànzeesch	
73	Igikomangoma mu butayu	Kinyarwanda	
74	The Wee Prince	Scots	
75	𓉟𓏜 / Le Petit Prince	Ancien égyptien / français	
76	Le Pice Prinz	Ladin (Val Badia)	
77	Der klane Prinz	Wienerisch	
78	Lo Pti Prins	Welche	
79	Da klayna prints	Varsheva idish	
80	Ndoomu Buur Si	Wolof	
81	Маленький принц / Le Petit Prince	Русский / français	
82	De klä Prinz	Hunsrücker Platt	
83	Qakkichchu Laaha	Kambaata	
84	Le pëthiòt prince	Guénâ (Bresse louhannaise)	
85	Deä klenge Prenz	Öcher Platt (Aachen)	
86	Il Pìssul Prìncipe	Furlan ocidentàl (Friaul)	
87	Mozais priņcs	Latgalīšu volūda (Latgalian)	
88	Aŧ Picin Prinsi	Patois tendasque	
89	De lüttje Prinz	Oostfreesk Platt	
90	Ko e Ki'i Pilinisi'	Lea Faka-Tonga' (Tongan)	
91	Den lille prins	Synnejysk	
92	Pytitel Prês	Kumaniē	
93	Der kleine Prinz	Deutsch (Fraktur)	
94	El Principe Niño	Zamboangueño Chabacano	
95	Kiči Bijčiek	Karaim	
96	ᛒᛗ ᚾᚠᛗ ᚱᚪᛏᚱᛈᚪ ᚠᚱᛗᚱᛁᛉᛗ	Anglo-Saxon Runes	
97	Tiprins	Kreol Rodrige	
98	الأمير الصغير	Arabic (Iraqi Baghdadi dialec	
99	Dr gleene Brinz	Sächsisch	
100	الأمير الصغير / The Little Prince	Arabic (Emirati) / English	
101	הנסיך הקטן / Le Petit Prince	Hébreu / français	
102	Dr kluane Prinz	Südtirolerisch	
103	Lé P'tit Prince	Normand	
104	D'r kléïne Prénns	Öüpener (Eupener) Platt	
105	Il Piccolo Principe	Italiano	
106	The Leeter Tunku	Singlish	
107	El Prinzipin	Ladin Anpezan	
108	U Prengepene / Il Piccolo Principe	Frentano / Italiano	
109	Da kloa Prinz	Bairisch	
110	De klaane Prinz	Hessisch	
111	De Kleine Prinsj	Oilsjters	
112	De Klein Prinz / D'r Kläin Prìnz	N'alemannisch / U'elsässisch	
113	De Pety Präingjss	Bolze / Bolz	
114	Dor klaane Prinz	Arzgebirgisch	
115	Yn Prince Beg	Gaelg / Manx	
116	Der kleine Prinz	Deutsch	
117	Le P'tit Princ'	Patouaie d' Nâv' (Navois)	
118	Le Pitit Prince	Patoa de Feurçac (Fursacois)	
119	Prinxhëpi i vogël	Arbërisht	
120	Dr chlei Prinz	Alemannisch	
121	Litli Prinsen	Nynorn	
122	Da kluani Prinz	Hianzisch	
123	De klee Prinz	Vogelsbergerisch	
124	Le P'tit Prince	Drabiaud (Drablésien)	
125	애린 왕자	Gyeongsang-do dialect	
126	De Klaane Prins	Gents	
127	De Klaine Prins	Brussels Vloms (Bruxellois)	
128	Dai klair prins	Pomerisch / Pomerano (Bras	
129	Bulu' alà	Bribri (Costa Rica)	
130	Le P'tit Prince	Patoué de Crôzint (Crozanta	
131	De lücke Prins	Mönsterländsk Platt	
132	Dr Chlii Prinz	Urnerdeutsch	
133	Elli Amirellu	Mozarabic (Andalutzí)	
134	Ogimaans	Ojibwe	